UKRAINIAN-ENGLISH
VISUAL DICTIONARY
УКРАЇНСЬКО-АНГЛІЙСЬКИЙ
ВІЗУАЛЬНИЙ СЛОВНИК

Published by Collins
An imprint of HarperCollins Publishers
Westerhill Road
Bishopbriggs
Glasgow G64 2QT

HarperCollins Publishers
Macken House, 39/40 Mayor Street Upper,
Dublin 1, D01 C9W8, Ireland

First Edition 2023

10 9 8 7 6 5 4 3 2 1

© HarperCollins Publishers 2023

ISBN 978-0-00-858865-6

Typeset by Jouve, India

Printed in India

Acknowledgements

We would like to thank those authors and
publishers who kindly gave permission for
copyright material to be used in the Collins
Corpus. We would also like to thank Times
Newspapers Ltd for providing valuable data.

A catalogue record for this book is available
from the British Library

If you would like to comment on any aspect
of this book, please contact us at the given
address or online.
E-mail dictionaries@harpercollins.co.uk
 www.facebook.com/collinsdictionary
 @collinsdict

MANAGING EDITOR
Maree Airlie

FOR THE PUBLISHER
Gerry Breslin
Kerry Ferguson
Kevin Robbins

CONTRIBUTORS
Roksolana Mykhaylyk
Kateryna Odnorozhenko
Galyna Shapoval

ЗМІСТ

4	**ВСТУП**	
7	**ОСНОВИ**	
17	**ТРАНСПОРТ**	
45	**В ОСЕЛІ**	
69	**ТОВАРИ ТА ПОСЛУГИ**	
113	**ПОВСЯКДЕННЯ**	
141	**ДОЗВІЛЛЯ**	
167	**СПОРТ**	
191	**ЗДОРОВ'Я**	
217	**ПЛАНЕТА ЗЕМЛЯ**	
237	**СВЯТА І СВЯТКУВАННЯ**	
245	**ПОКАЖЧИК**	

РИНОК | MARKET

Ринки можна знайти по всіх містах та містечках Великої Британії - інформацію про них зазвичай можна знайти в інтернеті, або в місцевих туристичних офісах. Фермерські ринки також відбуваються в багатьох селах в певні дні місяця, а на вихідних часто проводяться розпродажі з автомобільних багажників.

МОЖНА СКАЗАТИ...

По яких днях працює ринок?
When is market day?

Скільки я вам винен?
What do I owe you?

МОЖНА ПОЧУТИ...

Ринок по вівторках.
The market is on a Tuesday.

Ось ваша решта.
Here's your change.

СЛОВНИК

блошиний ринок **flea market**	прилавок **stall**	органічний **organic**
критий ринок **indoor market**	продукти **produce**	сезонний **seasonal**
фермерський ринок **farmers' market**	місцевий **local**	домашнього виготовлення **home-made**

ВАРТО ЗНАТИ...

Біля кіосків фруктово-овочевого ринку не можна очікувати торгу; а на розпродажі з автомобільних багажників зовсім інша історія!

розпродаж з автомобільного багажника
car-boot sale

ринкова площа
marketplace

крамар / крамарка
market trader

77

Чи то відпустка, чи трохи довше перебування у Сполученому Королівстві, ваш **Collins Visual Dictionary** створений так, щоби ви знаходили потрібне саме тоді, коли потрібно. Більше тисячі виразних наочних зображень допоможуть вам швидко знайти необхідну лексику.

Collins Visual Dictionary містить:

- 10 **розділів**, скомпонованих за темами, щоби легко знаходити слова відповідно до ситуації
- ❶ **зображення** – для ілюстрації важливих моментів
- ❷ **МОЖНА СКАЗАТИ...** – поширені фрази, які може бути доречно промовити
- ❸ **МОЖНА ПОЧУТИ...** – поширені фрази, з якими до вас можуть звернутися
- ❹ **СЛОВНИК** – поширені слова, які можуть стати вам у пригоді
- ❺ **ВАРТО ЗНАТИ** – слушні поради про місцеві звичаї та етикет
- **покажчик**, щоби швидко та легко знаходити всі зображення
- основні **фрази та числа**, розміщені на клапанах суперобкладинки для швидкого доступу

ЯК КОРИСТУВАТИСЯ COLLINS VISUAL DICTIONARY

Щоби слова та фрази у **Collins Visual Dictionary** були подані чітко та зрозуміло, при перекладі ми дотримувалися певних принципів:

1) Усі множинні переклади показані з позначкою множини. Наприклад:
   трави **herbs** *pl*

2) У випадках, коли англійський іменник має як жіночу, так і чоловічу форми, наведено обидві:
   офіціант / офіціантка **waiter/waitress**

   Коли показана тільки одна форма, ця форма вживається для позначення і чоловіків, і жінок.

3) Англійські дієслова, наведені у **Visual Dictionary** як переклад, показані у початковій формі з часткою "to". Наприклад:
   пересідати на інший потяг **to change trains**

4) На відміну від української, де є ввічливе "ви" та неформальне «ти», в англійській вживається лише одна форма — "you". Наприклад:

Як поживаєте? **How are you?**

5) Для чіткості та стислості викладу у фразах чи окремих словах українські прикметники, дієприкметники та дієслова показані лише у чоловічій формі. Для жіночих форм переклад лишається тим самим, адже в англійській відповідні частини мови не узгоджуються з іменником у роді. Наприклад:

незадоволений **annoyed**

Я втомлений. **I'm tired.**

БЕЗКОШТОВНЕ АУДІО

Ми створили безкоштовний аудіоресурс, аби допомогти вам вчити англійські слова, проілюстровані у словнику. У кожному розділі всі англійські слова, для яких є зображення, промовляють носії мови; кожне слово можна двічі прослухати, а потім спробувати повторити самому. Завантажте аудіо з наведеного нижче сайту, щоби оволодіти всією лексикою, потрібною для спілкування англійською.

www.collinsdictionary.com/resources

ОСНОВИ | THE ESSENTIALS

Незалежно від того, чи збираєтеся ви відвідати Сполучене Королівство, чи, можливо, жити там, ви захочете мати можливість спілкуватися з людьми та знайомитися з ними краще. Вміння ефективно спілкуватися зі знайомими, друзями, родиною та колегами є ключовим фактором, щоб стати більш впевненим у своєму знанні англійської у різноманітних повсякденних ситуаціях.

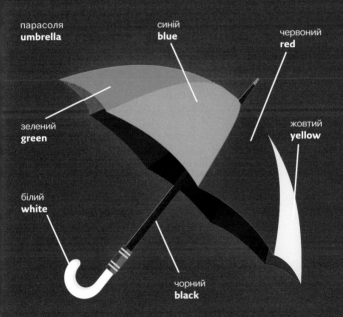

парасоля
umbrella

синій
blue

червоний
red

зелений
green

жовтий
yellow

білий
white

чорний
black

Добрий день.
Hello.

Добраніч.
Good night.

До скорого.
See you soon.

Привіт!
Hi!

Як справи?
How do you do?

До завтра.
See you tomorrow.

Добрий ранок.
Good morning.

Радий познайомитись.
Pleased to meet you.

Побачимось у суботу.
See you on Saturday.

Доброго дня.
Good afternoon.

До побачення.
Goodbye.

Гарного дня!
Have a good day!

Добрий вечір.
Good evening.

Па-па!
Bye!

Гарного вечора!
Have a good evening!

ВАРТО ЗНАТИ...

Британці, як правило, досить офіційні і при першому знайомстві чи розставанні потискають один одному руку. Друзі та родичі частіше вітають один одного обіймами або, можливо, поцілунком у щоку.

Так.
Yes.

Дякую.
Thank you.

Перепрошую.
I'm sorry.

Ні.
No.

Ні, дякую.
No, thanks.

Добре!
OK!

Я не знаю.
I don't know.

Вибачте.
Excuse me.

Прошу.
You're welcome.

будь ласка
please

Перепрошую?
Sorry?

Я не розумію.
I don't understand.

ВАРТО ЗНАТИ...

В англійській мові слово "вибачте" можна використовувати по-різному. "Мені шкода" використовується для вираження вибачень або жалю. Коли запитують - "Вибачте?" - тоді це означає, що оратор хоче, щоб ви повторили те, що ви сказали.

ПРО ВАС | ABOUT YOU

Ввічливо використовувати чийсь титул, звертаючись до нього, або намагаючись привернути його увагу. Титул "Mr" (містер) використовується для чоловіків, одружених чи неодружених; "Mrs" (місіс) можна використовувати для заміжніх жінок; а "Ms" (міс) можна використовувати, якщо не вказується заміжня жінка чи ні. "Miss" в основному використовується для дівчат, іноді також використовується для незаміжніх жінок.

Як тебе звати?
What's your name?

Мене звати...
My name is...

Скільки вам років?
How old are you?

Чи можу запитати про ваш вік?
May I ask how old you are?

Яка ваша дата народження?
When is your birthday?

Мені... років.
I'm ... years old.

Мій день народження...
My birthday is on...

Звідки ви?
Where are you from?

Де ви живете?
Where do you live?

Я живу у...
I live in...

Я з...
I'm from...

... України.
... Ukraine.

Мені...
I'm...

український
... Ukrainian.

Ви одружений / одружена?
Are you married?

Ви неодружений / неодружена?
Are you single?

Я одружений / одружена.
I'm married.

Я розлучений / розлучена.
I'm divorced.

У мене є чоловік / дружина
I have a partner.

Я неодружений / неодружена.
I'm single.

Я вдівець / вдова.
I'm widowed.

У вас є діти?
Do you have any children?

У мене... дітей.
I have ... children.

У мене немає дітей.
I don't have any children.

ВАРТО ЗНАТИ...

У Великій Британії вважається неввічливим запитувати у жінки її вік. Якщо вам потрібно це зробити, використовуйте більш формальний вислів, наприклад "Чи можу я запитати, скільки вам років?".

9

Це мій / моя...
This is my...

Це мої...
These are my...

чоловік
husband

дружина
wife

син
son

донька
daughter

батьки
parents *pl*

партнер / партнерка
partner

друг
boyfriend

подруга
girlfriend

наречений / наречена
fiancé/fiancée

батько
father

мати
mother

брат
brother

сестра
sister

дідусь
grandfather

бабуся
grandmother

онук
grandson

онука
granddaughter

тесть
father-in-law

теща
mother-in-law

невістка
**daughter-in-law/
sister-in-law**

зять
**son-in-law/
brother-in-law**

вітчим
stepfather

мачуха
stepmother

зведеник
stepbrother

зведенка
stepsister

пасерб
stepson

падчерка
stepdaughter

дядько
uncle

тітка
aunt

племінник
nephew

племінниця
niece

двоюрідний брат /
двоюрідна сестра
cousin

друг / подруга
friend

немовля
baby

дитина
child

підліток
teenager

Як ви?
How are you?

Як справи?
How's it going?

Як він / вона?
How is he/she?

Як вони?
How are they?

Дуже добре, дякую, а ви?
Very well, thanks, and you?

Добре, дякую.
Fine, thanks.

Чудово!
Great!

Так собі.
So-so.

Непогано, дякую.
Not bad, thanks.

Може бути.
Could be worse.

Я втомлений.
I'm tired.

Я хочу їсти / пити.
I'm hungry/thirsty.

Я наївся.
I'm full.

Мені холодно.
I'm cold.

Мені жарко.
I'm warm.

Я...
I am...

Він / Вона...
He/She is...

Вони...
They are...

щасливий
happy

збуджений
excited

спокійний
calm

здивований
surprised

незадоволений
annoyed

злий
angry

сумний
sad

схвильований
worried

наляканий
afraid

розслаблений
relaxed

Я нуджуся.
I'm bored.

Я почуваюся...
I feel...

Він / Вона почувається...
He/She feels...

Вони почуваються...
They feel...

добре
well

недобре
unwell

краще
better

гірше
worse

Де ви працюєте?
Where do you work?

Чим ви займаєтеся?
What do you do?

Яка ваша професія?
What's your occupation?

Ви працюєте / навчаєтеся?
Do you work/ study?

Я працюю на себе.
I'm self-employed.

Я безробітний / безробітна.
I'm unemployed.

Я ще навчаюся у школі.
I'm still at school.

Я навчаюся в університеті.
I'm at university.

Я на пенсії.
I'm retired.

Я подорожую.
I'm travelling.

Я працюю вдома.
I work from home.

Я працюю на пів ставки / на повну ставку.
I work part-/full-time.

Я працюю...
I work as a/an...

Я...
I'm a/an...

архітектор
architect

будівельник / будівельниця
builder

керівник / керівниця
chef

службовець
civil servant

прибиральник / прибиральниця
cleaner

зубний лікар / зубна лікарка
dentist

лікар / лікарка
doctor

водій / водійка
driver

електрик
electrician

інженер
engineer

фермер / фермерка
farmer

пожежник / пожежниця
firefighter

рибалка
fisherman

айті працівник / працівниця
IT worker

тесля
joiner

журналіст / журналістка
journalist

адвокат
lawyer

механік
mechanic

медбрат / медсестра
nurse

офісний працівник / офісна працівниця
office worker

сантехнік
plumber

поліцейський / поліцейська
police officer

листоноша
postal worker

моряк / морячка
sailor

продавець / продавчиня
salesperson

науковий співробітник / наукова співробітниця
scientist

солдат / солдатка
soldier

учитель / учителька
teacher

ветеринар /
ветеринарка
vet

офіціант / офіціантка
waiter/waitress

Я працюю у...
I work at/for/in...

бізнес
business

компанія
company

будівництво
construction site

завод
factory

уряд
government

лікарня
hospital

готель
hotel

офіс
office

ресторан
restaurant

школа
school

магазин
shop

ЧАС | TIME

ранок
morning

час після полудня
afternoon

вечір
evening

ніч
night

південь
midday

північ
midnight

сьогодні
today

сьогодні ввечері
tonight

завтра
tomorrow

вчора
yesterday

післязавтра
the day after tomorrow

позавчора
the day before yesterday

до полудня
a.m.

пополудні
p.m.

Котра година?
What time is it?

Дев'ята година.
It's nine o'clock.

Дев'ята година десять хвилин.
It's ten past nine.

Чверть по дев'ятій.
It's quarter past nine.

Двадцять п'ять по дев'ятій.
It's 25 past nine.

Дев'ята тридцять.
It's half past nine.

За двадцять десята.
It's 20 to ten.

За чверть десята.
It's quarter to ten.

За п'ять десята.
It's five to ten.

Сімнадцята година тридцять хвилин.
It's 17:30.

Коли...?
When...?

через 60 секунд / дві хвилини.
... in 60 seconds/two minutes.

...через чверть години / пів години / годину.
... in quarter of an hour/half an hour/ an hour.

рано
early

пізно
late

скоро
soon

пізніше
later

зараз
now

раніше
before

після
after

ВАРТО ЗНАТИ...

Використання 24-годинного годинника для визначення часу не дуже поширене у Великій Британії.

14

| понеділок **Monday** | середа **Wednesday** | п'ятниця **Friday** | неділя **Sunday** |
| вівторок **Tuesday** | четвер **Thursday** | субота **Saturday** | |

січень **January**	квітень **April**	липень **July**	жовтень **October**
лютий **February**	травень **May**	серпень **August**	листопад **November**
березень **March**	червень **June**	вересень **September**	грудень **December**

день **day**	щодватижні **fortnightly**	у лютому **in February**
вихідні **weekend**	місячний **monthly**	у 2019 **in 2019**
тиждень **week**	річний **yearly**	у вісімдесятих роках **in the '80s**
два тижні **fortnight**	щопонеділка **on Mondays**	весна **spring**
місяць **month**	щонеділі **every Sunday**	літо **summer**
рік **year**	минулого четверга **last Thursday**	осінь **autumn**
десятиліття **decade**	наступної п'ятниці **next Friday**	зима **winter**
щоденний **daily**	тиждень перед тим **the week before**	навесні **in spring**
тижневий **weekly**	тиждень після **the week after**	взимку **in winter**

Яка погода?
How's the weather?

Йде дощ / сніг.
It's raining/snowing.

сонце
sun

Який прогноз погоди
на сьогодні / на
завтра?
**What's the forecast
for today/tomorrow?**

Дме вітер.
It's windy.

дощ
rain

Яка температура?
**What's the
temperature?**

Сонячно.
It's sunny.

сніг
snow

Погода мінлива.
It's changeable.

град
hail

Сьогодні тепло /
холодно?
How warm/cold is it?

Надворі...
It is...

вітер
wind

Збирається на дощ?
Is it going to rain?

гарно
nice

порив вітру
gale

Який чудовий день!
What a lovely day!

погано
horrible

легкий туман
mist

Яка жахлива
погода!
**What awful
weather!**

спека
hot

туман
fog

тепло
warm

грім
thunder

Хмарно.
It's cloudy.

помірний
mild

блискавка
lightning

Туманно.
It's foggy.

прохолодно
cool

гроза
thunderstorm

Морозно.
It's freezing.

дощить
wet

хмара
cloud

волого
humid

ТРАНСПОРТ | TRANSPORT

Велика Британія добре обслуговується всіма видами транспортного сполучення. На додаток до розгалуженої системи доріг і автомагістралей, є залізничні мережі, які простягаються вздовж і впоперек країни, а також аеропорти в багатьох малих та великих містах, що пропонують як внутрішні, так і міжнародні рейси. Пороми сполучають Велику Британію з країнами Європи, а також перевозять мандрівників на численні острови британського узбережжя.

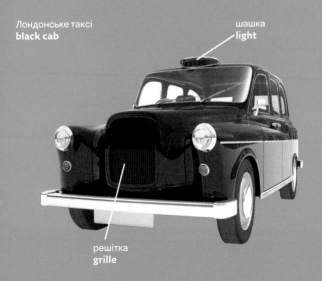

Лондонське таксі
black cab

шашка
light

решітка
grille

Запитуючи дорогу, ввічливо привернути чиюсь увагу, сказавши "Вибачте", а потім запитувати де вам необхідно прямувати. Відстань може бути дана як у ярдах чи милях, так і у метрах чи кілометрах.

МОЖНА СКАЗАТИ...

Вибачте...
Excuse me...

Де знаходиться?
Where is...?

Як пройти...
Which way is...?

Який найкоротший шлях...?
What's the quickest way to...?

Як далеко це?
How far away is it?

Це далеко звідси?
Is it far from here?

Я заблукав.
I'm lost.

Я шукаю...
I'm looking for...

Я йду до...
I'm going to...

Я можу туди дійти пішки?
Can I walk there?

Я би хотів замовити таксі до...
I'd like a taxi to...

МОЖНА ПОЧУТИ...

Це там.
It's over there.

Це в іншому напрямку.
It's in the other direction.

Це за ... метрів / хвилин звідси.
It's ... metres/minutes away.

Продовжуйте йти прямо.
Go straight ahead.

Поверніть ліворуч / праворуч
Turn left/right.

Це поряд з...
It's next to...

Це навпроти..
It's opposite...

Це поруч з...
It's near to...

Йдіть у напрямку...
Follow the signs for...

З вас ... фунтів, будь ласка.
That comes to ... pounds, please.

СЛОВНИК

вулиця **street**	громадський транспорт **public transport**	йти **to walk**
водій / водійка **driver**	таксі **taxi**	водити машину **to drive**
пасажир / пасажирка **passenger**	зупинка таксі **taxi rank**	повертатися **to return**
пішохід **pedestrian**	напрямок **directions** *pl*	перетинати **to cross**
рух транспорту **traffic**	шлях **route**	повертати **to turn**
корок **traffic jam**	дорожний знак **road sign**	пересуватися між **to commute**
година пік **rush hour**		

ВАРТО ЗНАТИ...

Жовте світло на світлофорі сигналізує транспорту про те, що скоро відбудеться зміна. Пішоходи не повинні переходити вулицю, коли горить жовте світло. Не забудьте подивитись праворуч перед тим, як переходити дорогу!

карта
map

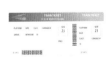

квиток
ticket

розклад
timetable

У Великій Британії транспорт рухається по лівій стороні, тому вам слід дати дорогу транспорту, що рухається з правого боку. Пам'ятайте, що за кермом треба мати при собі права та страхові документи.

МОЖНА СКАЗАТИ...

Чи це дорога на...?
Is this the road to...?

Чи я можу запаркуватися тут?
Can I park here?

Чи паркування платне?
Do I have to pay to park?

Я би хотів винайняти машину...
I'd like to hire a car...

... на 4 дні / на тиждень.
... for 4 days/a week.

Скільки коштує один день?
What is your daily rate?

Коли / Де я маю повернути її?
When/Where must I return it?

Де знаходиться найближча заправка?
Where is the nearest petrol station?

МОЖНА ПОЧУТИ...

Ви можете / не можете паркуватися тут.
You can/can't park here.

Тут парковка безкоштовна.
It's free to park here.

Паркувати машину коштує...
It costs ... to park here.

Оренда автомобіля коштує... на день / на тиждень.
Car hire is ... per day/week.

Покажіть ваші документи, будь ласка.
May I see your documents, please?

Поверніть машину на ... будь ласка.
Please return the car to...

Прохання повернути машину з повним баком.
Please return the car with a full tank of fuel.

Яка ваша бензоколонка?
Which pump are you at?

Скільки бензину вам потрібно?
How much fuel would you like?

ВАРТО ЗНАТИ...

У Великій Британії існують суворі закони про водіння в нетверезому стані. Покарання за водіння у нетверезому стані включають штраф або позбавлення прав водіння.

СЛОВНИК

мінівен
people carrier

акумулятор
battery

автоматична
automatic

позашляховик
SUV

гальмо
brake

електрична
electric

кемпер
motorhome

акселератор
accelerator

гібридна
hybrid

караван
caravan

зчеплення
clutch

заводити
to start the engine

пасажирське сидіння
passenger seat

кондиціонер
air conditioning

гальмувати
to brake

водійське сидіння
driver's seat

круїз-контроль
cruise control

перегнати
to overtake

заднє сидіння
back seat

випускна система
exhaust

паркувати
to park

дитяче сидіння
child seat

паливний бак
fuel tank

дати задній хід
to reverse

багажник на даху
roof rack

коробка передач
gearbox

гальмувати
to slow down

автомобільний люк
sunroof

алкотестер
Breathalyser®

перевищувати
швидкість
to speed

двигун
engine

неавтоматичний
manual

зупинятися
to stop

ВАРТО ЗНАТИ...

Якщо ви плануєте залишатись у Великій Британії довше 12 місяців і бажаєте керувати своїм автомобілем протягом цього часу, то вам потрібно обміняти свої водійські права, які не є британськими, на британські.

багажник
boot

дах
roof

скло
window

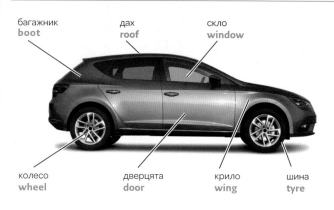

колесо
wheel

дверцята
door

крило
wing

шина
tyre

склоочисник
windscreen wiper

дзеркало
заднього виду
wing mirror

вітрове скло
windscreen

капот
bonnet

фара
headlight

бампер
bumper

номерний знак
number plate

вказівник
повороту
indicator

приладова панель
dashboard

індикатор рівня палива
fuel gauge

важіль перемикання
передач
gear stick

бардачок
glove compartment

стоянкове гальмо
handbrake

підголівник
headrest

запалювання
ignition

дзеркало заднього
виду
rearview mirror

навігатор
sat nav

пасок безпеки
seatbelt

спідометр
speedometer

кермо
steering wheel

Сполучене Королівство має розгалужену систему автомагістралей, що охоплює Англію, Шотландію, Уельс та Північну Ірландію. Обмеження швидкості вказують у милях на годину, а не в кілометрах на годину. Як правило, верхня межа швидкості для автомобілів у населених пунктах становить 30 миль/год (48 км/год), 60 миль/год (95 км/год) на однопроїзних дорогах, і 70 миль/год (112 км/год) на двопроїзних дорогах і автомагістралях. У деяких частинах Великої Британії є платні дороги або мости, а деякі міста, наприклад Лондон, запровадили плату за проїзд у центрі міста.

СЛОВНИК

дорога у чотири смуги
dual carriageway

односмугова дорога
single-track road

макадам
tarmac®

поворот
corner

з'їзд
exit

пандус
slip road

узбіччя
hard shoulder

пришляховий майданчик для зупинки автотранспорту
layby

станція дорожнього сервісу
services pl

обмеження швидкості
speed limit

об'їзд
diversion

посвідчення водія
driving licence

тимчасовий дозвіл
provisional licence

свідоцтво про реєстрацію транспортного засобу
car registration document

сертифікат технічного обслуговування
MOT certificate

страхування автомобіля
car insurance

оренда автомобіля
car hire/rental

неетильований бензин
unleaded petrol

дизельне пальне
diesel

мито
toll

збір за використовування транспортного засобу в центрі міста
congestion charge

дорожні роботи
roadworks pl

вибоїна
pothole

ВАРТО ЗНАТИ...

Подвійні жовті лінії на дорозі використовуються для того, щоб вказати, що паркування в цих місцях у будь-який час заборонено.

паркування для інвалідів
accessible parking space

міст
bridge

паркувальний майданчик
car park

автомийка
car wash

подвійні жовті лінії
double yellow lines *pl*

бензоколонка
fuel pump

перехрестя
junction

бордюр
kerb

смуга
lane

залізничний переїзд
level crossing

автодорога
motorway

паркомат
parking meter

паркомісце
parking space

тротуар
pavement

автозаправна станція
petrol station

дорога
road

кругове перехрестя
roundabout

радар
speed camera

пропускний пункт
оплати
toll point

дорожний конус
traffic cone

світлофор
traffic lights *pl*

патрульний поліцейський
/ патрульна поліцейська
traffic warden

тунель
tunnel

пішоходний перехід
zebra crossing

ПРОБЛЕМИ З АВТОМОБІЛЕМ | CAR TROUBLE

Якщо ваша машина поламалася на автомагістралі, ви можете зателефонувати в поліцію або службу аварійної допомоги за допомогою одного з помаранчевих телефонів екстреної допомоги, які розташовані приблизно через кожну милю на узбіччі дороги.

МОЖНА СКАЗАТИ...

Чи ви можете мені допомогти?
Can you help me?

Моя машина зламалась.
I've broken down.

Я потрапив у аварію.
I've had an accident.

У мене закінчився бензин.
I've run out of petrol.

Моя шина пробита.
I've got a flat tyre.

Я загубив ключі від машини.
I've lost my car keys.

Машина не заводиться.
The car won't start.

Є проблема з...
There's a problem with...

Я поранений.
I've been injured.

Викличте швидку допомогу / поліцію.
Call an ambulance/the police.

Чи ви можете надіслати евакуатор?
Can you send a breakdown van?

Чи є недалеко гараж / автозаправна станція?
Is there a garage/petrol station nearby?

Ви можете відбуксирувати мене в гараж?
Can you tow me to a garage?

Чи ви можете допомогти мені поміняти колесо?
Can you help me change this wheel?

Скільки коштує ремонт?
How much will a repair cost?

Коли машина буде полагоджена?
When will the car be fixed?

Дайте, будь ласка, ваш страховий поліс.
May I take your insurance details?

ВАРТО ЗНАТИ...

Якщо ваш автомобіль зламався, доцільно вийти з нього і стати трохи подалі задля вашої безпеки.

МОЖНА ПОЧУТИ...

Вам потрібна допомога?
Do you need any help?

Я можу завести машину за
допомогою кабелів.
I can give you a jumpstart.

Ви поранені?
Are you hurt?

Ремонт коштуватиме...
The repairs will cost...

Що сталося з вашою машиною?
What's wrong with your car?

Потрібно замовити нові деталі.
We need to order new parts.

Де сталася поломка?
Where have you broken down?

Машина буде готова...
The car will be ready by...

Я можу вас відбуксувати до...
I can tow you to...

Мені потрібні дані вашого
страхового поліса.
**I need to take your insurance
details.**

СЛОВНИК

аварія **accident**	спущена шина **flat tyre**	зазнати аварії **to have an accident**
поломка **breakdown**	снігові ланцюги **snow chains** pl	мати спущену шину **to have a flat tyre**
зіткнення **collision**	протиобліднювач **de-icer**	замінити шину **to change a tyre**
служба техдопомоги **breakdown services** pl	зламатися **to break down**	буксувати **to tow**

ВАРТО ЗНАТИ...

Хоча у Британії немає законів, які б вимагали від вас перевозити певне
обладнання у своєму автомобілі, завжди рекомендується зберігати в
автомобілі такі предмети, як попереджувальний трикутник, жилет з
високою видимістю та "крокодили". Законодавчо ви не зобов'язані возити
запасне колесо у своєму автомобілі, але якщо ви це робите, то
переконайтеся, що воно відповідає юридичним стандартам.

подушка безпеки
airbag

охолоджуюча рідина
antifreeze

телефон екстренної допомоги
emergency phone

гараж
garage

світловідбиваючий жилет
hi-viz vest

шкребок для льоду
(ice) scraper

домкрат
jack

пускові кабелі
jump leads *pl*

механік
mechanic

запасне колесо
spare wheel

евакуатор
tow truck

трикутник попередження
warning triangle

Міські автобусні перевезення зазвичай добре організовані та корисні; у сільській місцевості автобуси ймовірно будуть їздити рідше.

МОЖНА СКАЗАТИ...

Чи є автобус до...?
Is there a bus to...?

Коли наступний автобус до...?
When is the next bus to...?

Якй автобус їде до центру міста?
Which bus goes to the city centre?

Де автобусна зупинка?
Where is the bus stop?

З якої платформи відправляється автобус?
Which stand does the coach leave from?

Де я можу купити квитки?
Where can I buy tickets?

Скільки коштує квиток до...?
How much is it to go to...?

Будь ласка, повний / зі знижкою квиток.
A full/half fare, please.

Квиток в один бік / в обидва боки.
A single/return.

Чи не могли б ви сказати, на якій зупинці я маю вийти?
Could you tell me when to get off?

Через скільки зупинок?
How many stops is it?

Я виходжу на наступній, будь ласка.
I want to get off at the next stop, please.

МОЖНА ПОЧУТИ...

Маршрут 17 їде до...
The number 17 goes to...

Зупинка автобуса розташована...
The bus stop is...

Він відходить від платформи 21.
It leaves from stand 21.

Автобус ходить кожні 10 хвилин.
There's a bus every 10 minutes.

Ви можете купити квитки в касі / в автобусі.
You can buy tickets at the office/on the bus.

Це ваша зупинка, пане / пані.
This is your stop, sir/madam.

Тільки повна вартість.
Exact fare only.

СЛОВНИК

маршрут автобуса
bus route

повний тариф
full fare

нічний автобус
night bus

автобусна смуга
bus lane

половина тарифу
half fare

шкільний автобус
school bus

автостанція
bus station

знижка
concession

автобус до аеропорту
airport bus

проїзний квиток на автобус
bus pass

доступ для осіб з обмеженими можливостями
wheelchair access

туристичний автобус
tour bus

ціна
fare

сісти у автобус
to catch the bus

ВАРТО ЗНАТИ...

Червоні двоповерхові автобуси Лондона впізнають у всьому світі - цей колір запровадила компанія London General Omnibus Company (LGOC) для свого парку транспортних засобів, намагаючись виділитись серед компаній-конкурентів.

автобус
bus

автобусна зупинка
bus shelter

автобусна стоянка
bus stop

подорожній автобус
coach

двоповерховий автобус
double-decker bus

маршрутка
minibus

ВЕЛОСИПЕД | BICYCLE

У Великій Британії зростає кількість спеціальних велосипедних маршрутів як на короткі, так і на довгі відстані. Як і у випадку з моторизованим транспортом, велосипедисти повинні триматися лівого боку дороги; заборонено їздити на велосипеді тротуаром, якщо на ньому немає велосипедної доріжки.

МОЖНА СКАЗАТИ...

Де я можу винайняти велосипед?
Where can I hire a bicycle?

Скільки коштує оренда велосипеда?
How much is it to hire a bike?

Мій велосипед ушкоджений / зламався.
My bike is damaged/has a puncture.

МОЖНА ПОЧУТИ...

Оренда велосипеда коштує ... на день / на тиждень.
Bike hire is ... per day/week.

Ви повинні одягнути шолом.
You must wear a helmet.

СЛОВНИК

велосипедист / велосипедистка
cyclist

гірський велосипед
mountain bike

дорожній велосипед
road bike

підставка для велосипеда
bike stand

стійка для велосипеда
bike rack

велосипедна доріжка
cycle lane/path

жилет безпеки
reflective vest

дитяче крісло
child seat

набір для ремонту шин
puncture repair kit

їхати на велосипеді
to cycle

прогулянка на велосипеді
to go for a bike ride

пробити колесо
to get a puncture

ВАРТО ЗНАТИ...

Щороку у вересні проходить шосейна велогонка Британією Tour of Britain.

АКСЕСУАРИ

дзвінок
bell

велосипедний замок
bike lock

переднє світло
front light

шолом
helmet

насос
pump

рефлектор
reflector

ВЕЛОСИПЕД

кермо
handlebars *pl*

перемикач швидкості
gears *pl*

поперечина
crossbar

сідло
saddle

велосипедна
рама
frame

гальмо
brake

колесо
wheel

шина
tyre

педаль
pedal

ланцюг
chain

Будь-хто, хто бажає їздити на мопеді або мотоциклі у Великій Британії, повинен мати тимчасове посвідчення та пройти курс обов'язкової базової підготовки перед складанням іспиту.

СЛОВНИК

мотоцикліст /
мотоциклістка
motorcyclist

мопед
moped

скутер
scooter

паливний бак
fuel tank

кермо
handlebars *pl*

бризковик
mudguard

підставка
kickstand

випускна труба
exhaust pipe

мотоциклетний одяг
leathers *pl*

ВАРТО ЗНАТИ...

Шоломи, які відповідають британським стандартам безпеки є юридичною вимогою для мотоциклістів.

чоботи
boots *pl*

шолом
helmet

камера для шолома
helmet cam

шкіряні рукавиці
leather gloves *pl*

шкіряна куртка
leather jacket

мотоцикл
motorbike

ЗАЛІЗНИЧНИЙ ТРАНСПОРТ │ RAIL TRAVEL

Велика Британія має розгалужену систему залізниць, що простягається через Англію, Шотландію, Уельс та Північну Ірландію. Є також залізничне сполучення з Європою через тунель під Ла-Маншем. Системи метро є в Лондоні, Глазго та Ньюкаслі, а трамваї працюють у деяких містах, зокрема в Блекпулі та Единбурзі.

МОЖНА СКАЗАТИ...

Чи є потяг до...?
Is there a train to...?

О котрій годині буде наступний потяг до...?
When is the next train to...?

Де знаходиться найближча станція метро?
Where is the nearest metro station?

З якої платформи він відправляється?
Which platform does it leave from?

Яка гілка їде до...?
Which line do I take for...?

Квиток до..., будь ласка.
A ticket to ..., please.

Будь ласка, квиток до / в обидва боки до...
A single/return ticket to ..., please.

Я би хотів забронювати одне місце, будь ласка.
I'd like to reserve a seat, please.

Чи потрібно робити пересадку?
Do I have to change?

Де потрібно пересісти до...?
Where do I change for...?

Де знаходиться четверта платформа?
Where is platform 4?

Це поїзд / платформа до...?
Is this the right train/platform for...?

Це місце вільне?
Is this seat free?

Я запізнився на поїзд!
I've missed my train!

ВАРТО ЗНАТИ...

Ви повинні придбати квиток у квитковій касі або автоматі перед поїздкою, але якщо їх немає, то ви можете також придбати квитки в поїзді у провідника. Зверніть увагу, що квитки на потяг будуть кошувати дорожче у години пік (приблизно з 7 до 9 ранку та з 16 до 18:30).

МОЖНА ПОЧУТИ...

Наступний потяг відправляється о...
The next train leaves at...

Це правильний потяг / платформа.
This is the right train/platform.

Вам потрібен квиток в один чи обидва боки?
Would you like a single or return ticket?

Ви повинні перейти на другу платформу.
You have to go to platform 2.

Перепрошую, але на цей потяг вже немає квитків.
I'm sorry, this journey is fully booked.

Це місце вільне / зайняте.
This seat is free/taken.

Будь ласка, ваші квитки.
Tickets, please.

Ваша пересадка у...
You must change at...

Наступна зупинка...
The next stop is...

Четверта платформа знаходиться там.
Platform 4 is down there.

Вам потрібно пересісти тут до...
Change here for...

СЛОВНИК

залізнична мережа
rail network

місце спокою
quiet coach

квиток в один бік
single ticket

швидкісний поїзд
high-speed train

станція метро
metro station

квиток в обидва боки
return ticket

пасажирський поїзд
passenger train

камера схову
left luggage

електронний квиток
e-ticket

вантажний поїзд
freight train

пільгова картка
railcard

перший клас
first class

поїзд зі спальними вагонами
sleeper train

час пік
peak time

бронювання місця
seat reservation

вагон
coach

квиток на час пік / не в час пік
peak/off-peak ticket

пересідати
to change trains

вагон
carriage

розклад відправлення
departure board

провідник
guard

вузькоколійна
залізниця
light railway

локомотив
locomotive

багажна полиця
luggage rack

метро
metro

платформа
platform

візок з прохолодними
напоями та закусками
refreshments trolley

вагон ресторан
restaurant car

сигнальна будка
signal box

спальний потяг
sleeper

розсувні двері
sliding doors *pl*

турнікет
ticket barrier

автоматична каса
ticket machine

каса
ticket office

колія
track

потяг
train

трамвай
tram

провідник /
провідниця
train conductor

вокзал
train station

У Великій Британії багато аеропортів, але деякі авіакомпанії здійснюють лише сезонні міжнародні рейси.

МОЖНА СКАЗАТИ...

Я шукаю реєстрацію / вихід на посадку.
I'm looking for check-in/my gate.

Я реєструю валізу.
I'm checking in one case.

З якого виходу вилітає літак?
Which gate does the plane leave from?

О котрій годині починається / завершується посадка?
When does the gate open/close?

Чи рейс буде вчасно?
Is the flight on time?

Будь ласка, я би хотіла місце біля ілюмінатора / проходу.
I would like a window/an aisle seat, please.

Я загубила мій багаж.
I've lost my luggage.

Мій рейс запізнюється.
My flight has been delayed.

Я пропустив сполучний рейс.
I've missed my connecting flight.

Чи є автобусне сполучення в аеропорту?
Is there a shuttle bus service?

МОЖНА ПОЧУТИ...

Починається реєстрація на рейс...
Check-in has opened for flight...

Дайте, будь ласка, ваш паспорт.
May I see your passport, please?

Скільки багажу ви реєструєте?
How many bags are you checking in?

Ваш багаж перевищує дозволену норму.
Your luggage exceeds the maximum weight.

Будь ласка, вихід на посадку номер...
Please go to gate number...

Ваш рейс прибуває вчасно / запізнюється.
Your flight is on time/delayed.

Це ваша валіза?
Is this your bag?

Починається посадка на рейс...
Flight ... is now ready for boarding.

Останнє оголошення для
Last call for passenger...

СЛОВНИК

авіакомпанія
airline

термінал
terminal

Приліт / Відліт
Arrivals/Departures

контроль безпеки
security

паспортний контроль
passport control

митниця
Customs

вихід
gate

команда
cabin crew

стюард / стюардеса
flight attendant

бізнес / економ клас
business/economy class

прохід
aisle

розкладний столик
tray table

багажне відділення
overhead locker

ремінь безпеки
seatbelt

рятувальний жилет
life jacket

киснева маска
oxygen mask

багажне відділення
hold

крило
wing

мотор
engine

фюзеляж
fuselage

зареєстрований багаж
hold luggage

ручна поклажа
cabin baggage

надлишок багажу
excess baggage

ручна поклажа
hand luggage

отримування багажу
holdall

джетлаг
jetlag

зареєструватися
(он-лайн)
to check in (online)

літак
aeroplane

аеропорт
airport

отримування багажу
baggage reclaim

посадковий талон
boarding card

салон
cabin

реєстрація
check-in desk

кабіна пілота
cockpit

розклад відправлення
departure board

дьюті-фрі
duty-free shop

гелікоптер
helicopter

багажний візок
luggage trolley

паспорт
passport

пілот
pilot

злітна смуга
runway

валіза
suitcase

Є численні корабельні сполучення з різних портів Великої Британії до Європи. Пороми також подорожують до багатьох острівних та прибережних населених пунктів Британії.

МОЖНА СКАЗАТИ...

О котрій годині наступний корабель до...?
When is the next boat to...?

Скільки рейсів на день?
How many crossings a day are there?

Звідки відправляється цей корабель?
Where does the boat leave from?

Скільки коштує квиток для одного пасажира?
How much for one passenger?

О котрій годині останній корабель?
What time is the last boat to?

Скільки коштує перевезення автомобіля?
How much is it for a vehicle?

Скільки триває подорож / переправа?
How long is the trip/crossing?

Мене нудить.
I feel seasick.

МОЖНА ПОЧУТИ...

Корабель відпливає з...
The boat leaves from...

Пором запізнюється / скасовується.
The ferry is delayed/cancelled.

Подорож / переправа триває...
The trip/crossing lasts...

Погодні умови на морі добрі / погані.
Sea conditions are good/bad.

Корабель здійснює ... рейсів на день.
There are ... crossings a day.

ВАРТО ЗНАТИ...

Велика Британія може похвалитись також понад 2000 миль судноплавних каналів і річок.

СЛОВНИК

поромна переправа
ferry crossing

поромний термінал
ferry terminal

автомобільна палуба
car deck

| палуба | марина | команда |
| deck | marina | crew |

піший пасажир / піша
пасажирка
foot passenger

| ілюмінатор | пірс |
| porthole | pier |

| димар | пристань | підніматися на борт |
| funnel | jetty | to board |

| ніс | берегова охорона | плавати |
| bow | coastguard | to sail |

| корма | рятувальний човен | швартувати |
| stern | lifeboat | to dock |

| порт | капітан |
| port | captain |

ЗАГАЛЬНЕ

якір
anchor

буй
buoy

канал
canal

трап
gangway

порт
harbour

рятівний круг
lifebuoy

рятувальний жилет
lifejacket

шлюз
lock

пал
mooring

КОРАБЛІ

баржа
canal boat

каное
canoe

пором
ferry

пневматичний човен
inflatable dinghy

каяк
kayak

круїзний лайнер
liner

човен
rowing boat

вітрильник
sailing boat

яхта
yacht

В ОСЕЛІ | IN THE HOME

Сполучене Королівство приваблює багато відвідувачів, які шукають місце, котре вони зможуть назвати своїм домом, чи то на час відпустки чи для довготривалого перебування. Це може бути квартира в центрі міста, затишний котедж, сімейний будинок в передмісті, а може навіть розкішний заміський будинок.

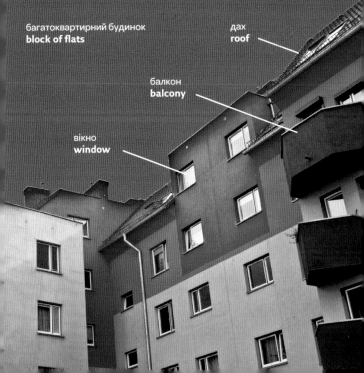

багатоквартирний будинок
block of flats

дах
roof

балкон
balcony

вікно
window

Значна частина населення Великої Британії живе в містах чи передмістях, хоча багато людей люблять виїжджати за місто, щоб провести деякий час у сільській місцевості, чи то на кілька днів чи на кілька тижнів.

МОЖНА СКАЗАТИ...

Я живу в...
I live in...

Я зупинився в...
I'm staying at...

Моя адреса...
My address is...

У мене є квартира / дім.
I have a flat/house.

Я власник / наймач житла.
I'm the homeowner/tenant.

Я нещодавно переїхав.
I've recently moved.

Я переїжджаю в...
I'm moving to...

Я хотіла би купити / орендувати тут житло.
I'd like to buy/rent a property here.

МОЖНА ПОЧУТИ...

Де ви живете?
Where do you live?

Де ви зупинилися?
Where are you staying?

Як довго ви тут живете?
How long have you lived here?

Яка ваша адреса?
What's your address?

Ви власник / наймач житла?
Are you the owner/tenant?

Вам подобається цей район?
Do you like this area?

Куди ви переїжджаєте?
Where are you moving to?

ВАРТО ЗНАТИ...

Орендні угоди можуть відрізнятися залежно від того, чи ви наймаєте мебльоване ("furnished") чи немебльоване ("unfurnished") житло. Упевніться, що ви розумієте свої права, якщо плануєте довгострокову оренду у Сполученому Королівстві.

СЛОВНИК

квартира-студія
studio flat

таунхаус
townhouse

вілла
villa

котедж
cottage

будівля
building

адреса
address

передмістя
suburb

район
district

власник / власниця
owner

наймач / наймачка
житла
tenant

сусід / сусідка
neighbour

іпотека
mortgage

орендна плата
rent

орендна угода
rental agreement

оренда житла на час
відпустки
holiday let

орендувати
to rent

володіти
to own

взяти іпотеку
**to take out a
mortgage**

переїжджати
to move house

будувати дім
to build a house

ТИПИ БУДІВЕЛЬ

бунгало
bungalow

окремий будинок
detached house

фермерський будинок
farmhouse

багатоповерхівка
high-rise block

дуплекс
**semi-detached
house**

дім стрічкової забудови
terraced house

МОЖНА СКАЗАТИ...

Ми робимо ремонт у нашому домі.
We are renovating our house.

Ми переоздоблюємо вітальню.
We are redecorating the lounge.

Є проблема з...
There's a problem with...

Це не працює.
It's not working.

Каналізаційні труби забиті.
The drains are blocked.

Бойлер зламався.
The boiler has broken.

Немає гарячої води.
There's no hot water.

У нас відключилася електрика.
We have a power cut.

Мені потрібен сантехнік / електрик.
I need a plumber/an electrician.

Можете когось порадити?
Can you recommend anyone?

Це можна полагодити?
Can it be repaired?

Я відчуваю запах газу / диму.
I can smell gas/smoke.

МОЖНА ПОЧУТИ...

У чому проблема?
What seems to be the problem?

Як довго воно не працює / протікає?
How long has it been broken/ leaking?

Де лічильник / блок запобіжників?
Where is the meter/fuse box?

Ось номер сантехніка / електрика.
Here's a number for a plumber/an electrician.

СЛОВНИК

кімната **room**	стеля **ceiling**	балкон **balcony**
підвал **cellar**	стіна **wall**	чорний хід **back door**
горище **attic**	підлога **floor**	французькі вікна **French windows** *pl*

оранжерея	вимикач	центральне опалення
conservatory	**switch**	**central heating**

дахове вікно	адаптер	лагодити
skylight	**adaptor**	**to fix**

люкарна	електрика	оздоблювати
dormer	**electricity**	**to decorate**

штепсель	сантехніка	робити ремонт
plug	**plumbing**	**to renovate**

розетка	кондиціонер	
socket	**air conditioning**	

ВАРТО ЗНАТИ...

Якщо ви шукаєте майстра, перебуваючи у Великій Британії, часто краще запитати особистих рекомендацій у друзів або сусідів. Перш ніж найняти їх, переконайтеся, що вони мають необхідні документи щодо безпеки виконання робіт.

ВСЕРЕДИНІ

бойлер
boiler

подовжувач
extension cable

щиток блок
запобіжників
fuse box

обігрівач
heater

лампа
light bulb

лічильник
meter

радіатор
radiator

супутникова антена
satellite dish

охоронна сигналізація
security alarm

димовий сповіщувач
smoke alarm

термостат
thermostat

дров'яна піч
wood-burning stove

ЗОВНІ

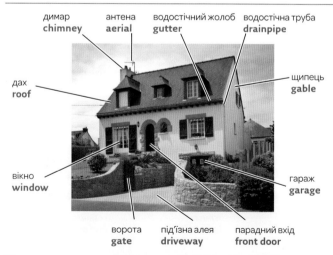

димар **chimney**
антена **aerial**
водостічний жолоб **gutter**
водостічна труба **drainpipe**

дах **roof**

щипець **gable**

вікно **window**

гараж **garage**

ворота **gate**
під'їзна алея **driveway**
парадний вхід **front door**

МОЖНА СКАЗАТИ/ПОЧУТИ...

Бажаєте завітати?
Would you like to come round?

Мені роззутися?
Shall I take my shoes off?

Вітаю! Заходьте.
Hi! Come in.

Можна скористатися вашою
ванною кімнатою?
Can I use your bathroom?

Будьте як удома.
Make yourself at home.

Дякую за запрошення.
Thanks for inviting me over.

СЛОВНИК

ґанок **porch**	сходи **staircase**	відчинити / зачинити двері **to open/lock the door**
придверний килимок **doormat**	сходовий майданчик **landing**	відчинити комусь за допомогою домофона **to buzz somebody in**
поштова скринька **letterbox**	ліфт **lift**	витирати ноги **to wipe one's feet**
прогін **stairwell**	замок **lock**	почепити куртку **to hang one's jacket up**

ВАРТО ЗНАТИ...

Якщо вас запросили до когось додому, зазвичай ввічливо взяти невеликий
подарунок, наприклад квіти чи пляшку вина.

дверний дзвінок
doorbell

домофон
intercom

ключ
key

51

СЛОВНИК

килим **carpet**	супутникове ТБ **satellite TV**	смарт-колонка **smart speaker**
паркет **floorboards** *pl*	кабельне ТБ **cable TV**	розслаблятися **to relax**
меблевий комплект **suite**	розумне телебачення **smart TV**	сідати **to sit down**
диван-ліжко **sofa bed**	інтерактивне телебачення **TV on demand**	дивитися телебачення **to watch TV**
настільна лампа **table lamp**		слухати музику **to listen to music**

ЗАГАЛЬНЕ

книжкова шафа
bookcase

фіранки
curtains *pl*

сервант
display cabinet

DVD/Blu-Ray®-
програвач
DVD/Blu-ray® player

радіо
radio

пульт
remote control

буфет
sideboard

підставка під телевізор
TV stand

венеціанські жалюзі
Venetian blind

ВІТАЛЬНЯ

камін
fireplace

кавовий столик
coffee table

картина
picture

бра
wall light

телевізор
TV

диван
sofa

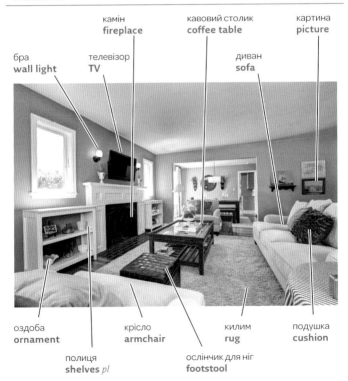

оздоба
ornament

крісло
armchair

килим
rug

подушка
cushion

полиця
shelves *pl*

ослінчик для ніг
footstool

Кухні у Великій Британії часто розглядаються як обідні та розважальні приміщення, а не просто як місце для приготування їжі. Формат відкритого планування, який включає обідню зону, досить поширений у великих будинках.

СЛОВНИК

(електрична) плита
(electric) cooker

газова плита
gas cooker

витяжка
cooker hood

готувати
to cook

смажити (на сковорідці)
to fry

смажити (постійно перемішуючи)
to stir-fry

кип'ятити
to boil

запікати на рожні
to roast

пекти
to bake

мити посуд
to wash up

витирати стільниці
to clean the worktops

КУХОННЕ НАЧИННЯ

деко для випікання
baking tray

френч-прес
cafetière

чавун
casserole dish

обробна дошка
chopping board

друшляк
colander

штопор
corkscrew

кухонна машина
food processor

сковорідка
frying pan

тертка
grater

ручний міксер
hand mixer

чайник
kettle

кухонний ніж
kitchen knife

черпак
ladle

товкачка
masher

мірна чаша
measuring jug

салатник
mixing bowl

овочечистка
peeler

качалка
rolling pin

каструля
saucepan

сито
sieve

лопатка
spatula

чайник для заварки
teapot

консервний ніж
tin opener

тостер
toaster

збивачка
whisk

вок
wok

дерев'яна ложка
wooden spoon

РІЗНЕ

фартух
apron

алюмінієва фольга
aluminium foil

хлібниця
bread bin

харчова плівка
clingfilm

паперовий рушник
kitchen roll

педальне відро
pedal bin

КУХНЯ

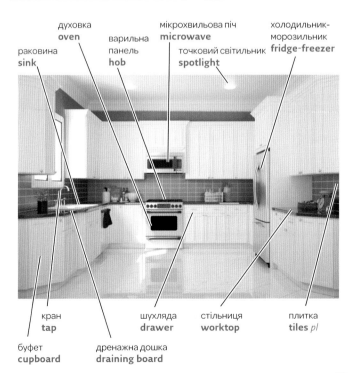

духовка
oven

мікрохвильова піч
microwave

холодильник-
морозильник
fridge-freezer

варильна
панель
hob

точковий світильник
spotlight

раковина
sink

кран
tap

буфет
cupboard

дренажна дошка
draining board

шухляда
drawer

стільниця
worktop

плитка
tiles *pl*

СЛОВНИК

обідній стіл
dining table

настільний килимок
place mat

підставка для склянки,
пляшки
coaster

столовий посуд
crockery

столові прибори
cutlery

скляний посуд
glassware

накривати на стіл
to set the table

обідати
to dine

прибирати зі столу
to clear the table

ВАРТО ЗНАТИ...

Під час вечері у британському домі хорошими манерами є чекати поки всіх обслужать, перш ніж починати їсти. Також ввічливо не спиратися ліктями на стіл під час їжі.

ЗАГАЛЬНЕ

соусник
gravy boat

серветка
napkin

млинок для перцю
pepper mill

салатник
salad bowl

сільниця
salt cellar

сервірувальна тарілка
serving dish

СЕРВІРУВАННЯ СТОЛУ

миска
bowl

фужер
champagne flute

чашка та блюдце
cup and saucer

тарілка
plate

ніж і виделка
knife and fork

ложка
spoon

чайна ложка
teaspoon

склянка
tumbler

келих
wine glass

СЛОВНИК

односпальне ліжко **single bed**	прилегла ванна кімната **en-suite bathroom**	спати **to sleep**
двоспальне ліжко **double bed**	дитяча кімната **nursery**	прокидатися **to wake up**
основна спальня **master bedroom**	постільна білизна **bedding**	застеляти ліжко **to make the bed**
гостьова кімната **spare room**	лягати спати **to go to bed**	міняти постільну білизну **to change the sheets**

ЗАГАЛЬНЕ

будильник
alarm clock

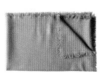

ковдра
blanket

двоярусні ліжка
bunk beds *pl*

вішак
coat hanger

туалетний столик
dressing table

фен
hairdryer

кошик для білизни
laundry basket

стьобана ковдра
quilt

простирадла
sheets *pl*

СПАЛЬНЯ

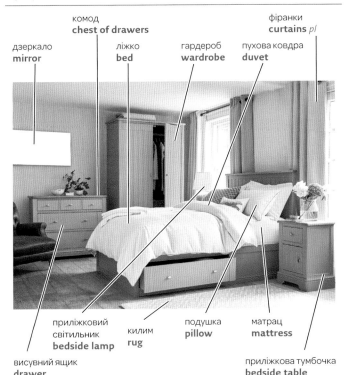

комод
chest of drawers

фіранки
curtains *pl*

дзеркало
mirror

ліжко
bed

гардероб
wardrobe

пухова ковдра
duvet

приліжковий
світильник
bedside lamp

килим
rug

подушка
pillow

матрац
mattress

висувний ящик
drawer

приліжкова тумбочка
bedside table

У британських ванних кімнатах все ще досить часто зустрічаються крани для гарячої і холодної води, а не один змішувач.

СЛОВНИК

фіранка для душу **shower curtain**	каналізація **drain**	мити руки **to wash one's hands**
туалетне сидіння **toilet seat**	приймати душ **to shower**	чистити зуби **to brush one's teeth**
злив **flush**	приймати ванну **to have a bath**	ходити в туалет **to go to the toilet**

ВАРТО ЗНАТИ...

Правила безпеки зазначають, що стандартні електричні розетки не допускаються у британських ванних кімнатах.

ЗАГАЛЬНЕ

килимок для ванни
bath mat

банний рушник
bath towel

серветка для обличчя
face cloth

рушник для рук
hand towel

мочалка
shower puff

мило
soap

губка
sponge

щітка для туалету
toilet brush

туалетний папір
toilet roll

ВАННА КІМНАТА

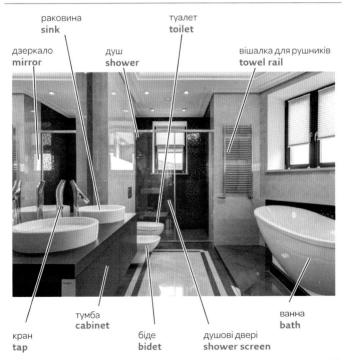

раковина
sink

туалет
toilet

дзеркало
mirror

душ
shower

вішалка для рушників
towel rail

кран
tap

тумба
cabinet

біде
bidet

душові двері
shower screen

ванна
bath

СЛОВНИК

ґрунт **soil**	клумба **flowerbed**	полоти **to weed**
трава **grass**	компост **compost**	поливати **to water**
рослина **plant**	гравій **gravel**	вирощувати **to grow**
дерево **tree**	садова ділянка **allotment**	садити **to plant**
бур'ян **weed**	садівник / садівниця **gardener**	косити траву / косити газон **to cut the grass/ mow the lawn**

ЗАГАЛЬНЕ

дерев'яна тераса
decking

садові вила
garden fork

садовий шланг
garden hose

садові рукавички
gardening gloves *pl*

садовий сарай
garden shed

теплиця
greenhouse

сапа
hoe

газонокосарка
lawnmower

горщик для квітів
plant pot

садові ножиці
pruners *pl*

лопата
spade

електрична мотокоса
Strimmer®

садовий совок
trowel

поливальниця
watering can

гербіцид
weedkiller

гумові чоботи
Wellington boots *pl*

тачка
wheelbarrow

віконний ящик для
квітів
window box

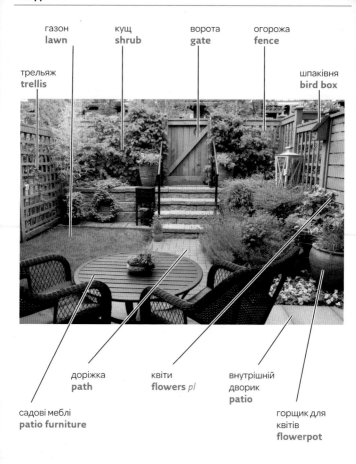

газон
lawn

кущ
shrub

ворота
gate

огорожа
fence

трельяж
trellis

шпаківня
bird box

доріжка
path

квіти
flowers *pl*

внутрішній
дворик
patio

садові меблі
patio furniture

горщик для
квітів
flowerpot

СЛОВНИК

підсобка **utility room**	сміттєвий пакет **bin bag**	прати **to do the laundry**
таз **basin**	кошик для сортування сміття **recycling bin**	пилососити **to hoover**
відбілювач **bleach**	кошик для паперу **wastepaper basket**	прибирати **to tidy up**
таблетка для посудомийної машини **dishwasher tablet**	засіб для миття посуду **washing-up liquid**	чистити **to clean**
пральний засіб **laundry detergent**	підмітати підлогу **to sweep the floor**	виносити сміття **to take out the bin**

ВАРТО ЗНАТИ...

Більшість людей у Великій Британії намагаються переробляти свої побутові відходи, наприклад папір, скло, пластик та харчові відходи. Багато громад використовують баки різного кольору для різних видів відходів.

щітка
brush

відро
bucket

ганчірка
cloth

сушарка для білизни
clothes horse

прищіпки
clothes pegs *pl*

посудомийна машина
dishwasher

контейнер для сміття
dustbin

совок
dustpan

праска
iron

прасувальна дошка
ironing board

швабра
mop

гумові рукавички
rubber gloves *pl*

губка для посуду
scourer

кухонний рушник
tea towel

сушильна машина
tumble drier

пилосос
vacuum cleaner

мотузка для білизни
washing line

пральна машина
washing machine

ТОВАРИ ТА ПОСЛУГИ | AT THE SHOPS

Покупки у Великій Британії можна робити всюди: від місцевих головних вулиць із привабливими та незвичайними незалежними магазинами до фермерських ринків, де пропонують усілякі свіжі продукти, та жвавих торгових центрів і роздрібних парків, де можна знайти магазини відомих брендів.

кошик
basket

банан
banana

хліб
bread

рослинна олія
vegetable oil

Більшість магазинів у Великій Британії відкриті сім днів на тиждень, хоча багато з них, ймовірно, мають скорочений час роботи у вихідні, особливо в неділю. У великих містах нерідко можна знайти цілодобові магазини і супермаркети.

МОЖНА СКАЗАТИ...

Де знаходиться...?
Where is the...?

Де найближчий / найближча...?
Where is the nearest...?

Де можна купити...?
Where can I buy...?

О котрій ви відчиняєтеся / зачиняєтеся?
What time do you open/close?

Я просто дивлюся, дякую.
I'm just looking, thanks.

Ви продаєте...?
Do you sell...?

Можна мені...?
May I have...?

Можна розрахуватися готівкою / карткою?
Can I pay by cash/card?

Можна розрахуватися мобільним застосунком?
Can I pay with my mobile app?

Скільки це коштує?
How much does this cost?

Скільки коштує доставка?
How much is delivery?

Мені потрібен...
I need...

Я хотів би...
I would like...

Чи можна обміняти цей товар?
Can I exchange this?

Чи можу я отримати свої гроші назад?
Can I get a refund?

Це все, дякую.
That's all, thank you.

ВАРТО ЗНАТИ...

Одноразові пластикові пакети можна придбати у більшості магазинів за невелику плату. Однак їх використання не рекомендується, і багато магазинів пропонують паперові пакети та багаторазові пластикові пакети, які можна придбати.

МОЖНА ПОЧУТИ...

Вас обслуговують?
Are you being served?

Я можу вам допомогти?
Can I help you?

Бажаєте щось іще?
Would you like anything else?

Це коштує...
It costs...

Вибачте, в нас немає...
I'm sorry, we don't have...

Я можу замовити це для вас.
I can order that for you.

Як бажаєте розрахуватися?
How would you like to pay?

Можете ввести ваш PIN-код?
Can you enter your PIN?

Бажаєте отримати чек?
Would you like a receipt?

У нас немає повернення / обміну товару.
We don't offer refunds/ exchanges.

У вас є чек?
Have you got a receipt?

Гарного дня!
Have a good day!

СЛОВНИК

магазин **shop**	роздрібний парк **retail park**	обмін **exchange**
супермаркет **supermarket**	продавець / продавчиня **shop assistant**	повернення грошей **refund**
торговий центр **shopping centre**	клієнт / клієнтка **customer**	купон **voucher**
невеликий магазин **corner shop**	готівка **cash**	подарунковий купон **gift voucher**
крамниця на центральній вулиці **high-street shop**	решта **change**	продукти **groceries** *pl*
ринок **market**	PIN-код **PIN**	безконтактний **contactless**

роздивлятися
to browse

платити
to pay

замовляти
to order

купувати
to buy

робити покупки
(онлайн)
to shop (online)

ходити по магазинах
to go shopping

кошик
basket

платіжний термінал
card reader

дебетова / кредитна
картка
debit/credit card

паперовий пакет
paper bag

пластиковий пакет
plastic bag

чек
receipt

багаторазова сумка
для покупок
**reusable shopping
bag**

каса
till point

візок
trolley

СУПЕРМАРКЕТ | SUPERMARKET

Купівля продуктів через інтернет стає все більш популярною у Великій Британії. Більшість супермаркетів пропонують онлайн-купівлю та доставку, проте доступність цих послуг залежить від регіону.

МОЖНА СКАЗАТИ...

Де можна знайти...?
Where can I find...?

Я шукаю...
I'm looking for...

У вас є...?
Do you have...?

Можете дати мені пластиковий пакет?
Can you give me a plastic bag?

МОЖНА ПОЧУТИ...

У нас є / немає...
We have/don't have...

Це в 1 / 2 / 3 ряду.
It's in aisle 1/2/3.

Допомогти вам з сумками?
Can I help you with your bags?

Пакети платні.
There is a charge for carrier bags.

У вас є картка лояльності?
Do you have a loyalty card?

СЛОВНИК

ряд **aisle**	коробка **box**	консервований **tinned**
картка лояльності **loyalty card**	пачка **carton**	свіжий **fresh**
делікатес **delicatessen**	банка **jar**	заморожений **frozen**
готова страва **ready meal**	пакунок **packet**	нежирний **low-fat**
пляшка **bottle**	консерва **tin**	низькокалорійний **low-calorie**

сухі сніданки
breakfast cereal

соус для приготування
cooking sauce

кускус
couscous

борошно
flour

трави
herbs *pl*

мед
honey

цукрова пудра
icing sugar

розчинна кава
instant coffee

джем
jam

кетчуп
ketchup

мармелад
marmalade

майонез
mayonnaise

гірчиця
mustard

локшина
noodles *pl*

оливкова олія
olive oil

макарони
pasta

перець
pepper

рис
rice

сіль
salt

спеції
spices *pl*

цукор
sugar

чайні пакетики
teabags *pl*

рослинна олія
vegetable oil

оцет
vinegar

ПЕРЕКУСКИ

печиво
biscuits *pl*

шоколад
chocolate

чипси
crisps *pl*

горіхи
nuts *pl*

попкорн
popcorn

цукерки
sweets *pl*

НАПОЇ

пиво
beer

газований напій
fizzy drink

фруктовий сік
fruit juice

мінеральна вода
mineral water

алкогольні напої
spirits *pl*

вино
wine

РИНОК | MARKET

Ринки можна знайти по всіх містах та містечках Великої Британії - інформацію про них зазвичай можна знайти в інтернеті, або в місцевих туристичних офісах. Фермерські ринки також відбуваються в багатьох селах в певні дні місяця, а на вихідних часто проводяться розпродажі з автомобільних багажників.

МОЖНА СКАЗАТИ...

По яких днях працює ринок?
When is market day?

Скільки я вам винен?
What do I owe you?

МОЖНА ПОЧУТИ...

Ринок по вівторках.
The market is on a Tuesday.

Ось ваша решта.
Here's your change.

СЛОВНИК

блошиний ринок
flea market

прилавок
stall

органічний
organic

критий ринок
indoor markct

продукти
produce

сезонний
seasonal

фермерський ринок
farmers' market

місцевий
local

домашнього виготовлення
home-made

ВАРТО ЗНАТИ...

Біля кіосків фруктово-овочевого ринку не можна очікувати торгу; а на розпродажі з автомобільних багажників зовсім інша історія!

розпродаж з автомобільного багажника
car-boot sale

ринкова площа
marketplace

крамар / крамарка
market trader

МОЖНА СКАЗАТИ...

У вас є...?
Do you have...?

Вони стиглі / свіжі?
Are they ripe/fresh?

МОЖНА ПОЧУТИ...

Чого бажаєте?
What would you like?

Вони свіжісінькі.
They are very fresh.

СЛОВНИК

продуктовий магазин
grocer's

сік
juice

лист
leaf

лушпина
peel

ядро
pip

цедра
rind

насінина
seed

шматочок
segment

шкірка
skin

кісточка
stone

сирий
raw

свіжий
fresh

гнилий
rotten

стиглий
ripe

нестиглий
unripe

нестиглий
seedless

вичавлювати сік
to juice

чистити фрукти, овочі
to peel

ФРУКТИ

яблуко
apple

абрикоса
apricot

авокадо
avocado

банан
banana

ожина
blackberry

чорна смородина
blackcurrant

лохина
blueberry

вишня
cherry

аґрус
gooseberry

виноград
grape

грейпфрут
grapefruit

ківі
kiwi fruit

лимон
lemon

лайм
lime

манго
mango

диня
melon

нектарин
nectarine

апельсин
orange

персик
peach

груша
pear

ананас
pineapple

слива
plum

малина
raspberry

порічка
redcurrant

ревінь
rhubarb

полуниця
strawberry

кавун
watermelon

ОВОЧІ

спаржа
asparagus

баклажан
aubergine

броколі
broccoli

брюссельська капуста
Brussels sprout

капуста
cabbage

морква
carrot

цвітна капуста
cauliflower

селера
celery

гострий перець
chilli

кабачок
courgette

огірок
cucumber

часник
garlic

стручкова квасоля
green beans *pl*

порей
leek

зелений салат
lettuce

гриб
mushroom

цибуля
onion

горох
peas *pl*

картопля
potato

червоний солодкий
перець
red pepper

шпинат
spinach

цукрова кукурудза
sweetcorn

помідора
tomato

ріпа
turnip

Попросіть продавця у рибному відділі підказати, що свіже, а що заморожували, коли і для чого сезон.

МОЖНА СКАЗАТИ...

Я хотів би, щоб цю рибу розібрали на філе, будь ласка.
I'd like this filleted, please.

Можете видалити кістки?
Can you remove the bones?

МОЖНА ПОЧУТИ...

Риба була зловлена цього ранку.
The fish was caught this morning.

Вам розібрати на філе?
Would you like to have this filleted?

СЛОВНИК

продавець/продавчиня у рибному відділі
fishmonger

риб'яча кістка
(fish)bone

філе
fillet

луска
scales *pl*

ракоподібні
shellfish

черепашка
shell

прісноводний
freshwater

морський
saltwater

фермерський
farmed

дикий
wild

копчений
smoked

без кісток
deboned

РИБА

анчоус
anchovy

тріска
cod

пікша
haddock

оселедець
herring

морський язик
lemon sole

макрель
mackerel

морський ангел
monkfish

камбала європейська
plaice

сайда
pollock

лосось
salmon

сардина
sardine

морський окунь
sea bass

форель
trout

тунець
tuna

палтус
turbot

МОРЕПРОДУКТИ

краб
crab

рак
crayfish

омар
lobster

мідія
mussel

устриця
oyster

креветка (прісноводна)
prawn

гребінець
scallop

креветка (морська)
shrimp

кальмар
squid

М'ЯСНИЙ ВІДДІЛ | BUTCHER'S

М'ясники часто можуть порадити, яке м'ясо краще купити для рецептів, що ви їх плануєте спробувати, а також розповісти про місцеві делікатеси у продажу.

МОЖНА СКАЗАТИ...

Кілограм...
A kilo of...

Шматок..., будь ласка.
A slice of ..., please.

Можете нарізати його для мене, будь ласка?
Can you slice this for me, please?

Який відруб найкраще підійде для...?
What is the best cut for...?

МОЖНА ПОЧУТИ...

Авжеж, пане / пані.
Certainly, sir/madam.

Скільки вам?
How much would you like?

Скільки вам штук?
How many would you like?

Я би порадив...
I'd recommend...

СЛОВНИК

м'ясник **butcher**	свинина **pork**	качка **duck**
м'ясо **meat**	баранина **lamb**	індик **turkey**
червоне м'ясо **red meat**	дичина **game**	потрухи **offal**
біле м'ясо **white meat**	оленина **venison**	печінка **liver**
відруб (м'яса) **cut (of meat)**	телятина **veal**	готовий **cooked**
паштет **pâté**	свійська птиця **poultry**	сирий **raw**
яловичина **beef**	курча **chicken**	вирощений у природних умовах **free-range**

бекон
bacon

котлета для бургера
burger

куряча грудка
chicken breast

биток
chop

ковбаса
(cured) sausage

філе
fillet

шинка
ham

відруб
joint

фарш
mince

ребра
ribs *pl*

сосиски
sausages *pl*

стейк
steak

Багато британських пекарень продають солодку та пікантну випічку та сендвічі, а також свіжий хліб і булочки, що робить їх популярним місцем для зупинки на обід в дорозі.

МОЖНА СКАЗАТИ...

У вас є...?
Do you sell...?

Мені, будь ласка...
Could I please have...?

Скільки коштують...?
How much are...?

МОЖНА ПОЧУТИ...

Вас обслуговують?
Are you being served?

Бажаєте щось іще?
Would you like anything else?

Це коштує...
It costs...

СЛОВНИК

пекар / пекарка
baker

хліб
bread

випічка
pastry

сендвіч
sandwich

пиріг
pasty

нарізаний хліб
sliced bread

білий батон
white loaf

цільнозерновий хліб
wholemeal bread

шматок
slice

скоринка
crust

безглютеновий
gluten-free

пекти
to bake

СОЛОДКЕ

булочка
bun

печиво
cookie

капкейк
cupcake

датська булочка
Danish pastry

пончик
doughnut

еклер
éclair

мафін
muffin

панкейк
pancake

коржик
scone

ХЛІБОБУЛОЧНІ ВИРОБИ

багет
baguette

булочки
(bread) rolls *pl*

круасан
croissant

здобний корж
crumpet

м'ясний пиріг
meat pie

рулет з ковбасою
sausage roll

Свіжі молочні продукти легко знайти в більшості магазинів, і є також багато супермаркетів, які продають ультрапастеризоване молоко, а також безмолочні продукти.

СЛОВНИК

сир **cheese**	соєве молоко **soymilk**	вирощені у природних умовах **free-range**
блакитний сир **blue cheese**	мигдалеве молоко **almond milk**	пастеризований **pasteurized**
знежирене / напівжирне молоко **skimmed/semi-skimmed milk**	рідкі / густі вершки **single/double cream**	непастеризований **unpasteurized**
	сметана **sour cream**	
ультрапастеризоване молоко **UHT milk**		безмолочний **dairy-free**

ЗАГАЛЬНЕ

масло
butter

вершки
cream

яйця
eggs *pl*

маргарин
margarine

молоко
milk

йогурт
yoghurt

брі
brie

чеддер
cheddar

кисломолочний сир
cottage cheese

вершковий сир
cream cheese

едамський сир
Edam

фета
feta

козячий сир
goat's cheese

моцарела
mozzarella

пармезан
parmesan

червоний лестер
Red Leicester

стілтон
Stilton®

венслідейл
Wensleydale

Аптеки у Великій Британії варіюються від невеликих незалежних магазинів до великих відомих аптечних мереж.

МОЖНА СКАЗАТИ...

Мені потрібно щось від...
I need something for...

У мене алергія на...
I'm allergic to...

Я хотів би отримати ліки за рецептом.
I'm collecting a prescription.

Що би ви порадили?
What would you recommend?

Це підходить для малюків?
Is this suitable for young children?

МОЖНА ПОЧУТИ...

У вас є рецепт?
Do you have a prescription?

Ви платите за свій рецепт?
Do you pay for your prescription?

У вас є алергії?
Do you have any allergies?

Вам слід звернутися до лікаря.
You should see a doctor.

Я би порадив...
I'd recommend...

ВАРТО ЗНАТИ...

Отримати антибіотики в аптеці можна лише за рецептом. У Шотландії, Уельсі та Північній Ірландії рецепти безкоштовні, але в Англії зазвичай потрібно платити. Є деякі винятки, тому варто перевірити, чи потрібно вам платити чи ні.

СЛОВНИК

фармацевт /
фармацевтка
pharmacist

рецепт
prescription

антигістамінний
препарат
antihistamine

судинозвужувальний
препарат
decongestant

знеболювальне
painkiller

презерватив
condom

застуда
cold

діарея
diarrhoea

поліноз
hay fever

біль у животі
stomach ache

головний біль
headache

біль у горлі
sore throat

антисептичний крем
antiseptic cream

бинт
bandage

капсула
capsule

сироп від кашлю
cough mixture

краплі
drops *pl*

засіб від комах
insect repellent

пастилка
lozenge

ліки
medicine

пластир
plaster

сонцезахисний крем
suntan lotion

таблетка
tablet/pill

паперові серветки
tissues

антиперспірант
antiperspirant

кондиціонер для волосся
conditioner

рідке мило для рук
handwash

зубний еліксир
mouthwash

бритва
razor

гігієнічна прокладка
sanitary towel

шампунь
shampoo

піна для гоління
shaving foam

гель для душу
shower gel

тампон
tampon

зубна щітка
toothbrush

зубна паста
toothpaste

рум'яна
blusher

гребінець
comb

підводка для очей
eyeliner

тіні для повік
eyeshadow

тональний крем
foundation

щітка для волосся
hairbrush

лак для волосся
hairspray

бальзам для губ
lip balm

губна помада
lipstick

туш для вій
mascara

лак для нігтів
nail varnish

пудра
powder

Якщо ви плануєте їхати з немовлям, зважте на можливість орендувати необхідне приладдя у спеціалізованих компаній.

СЛОВНИК

кольки **colic**	пакет для підгузків **nappy sack**	зубне кільце **teething ring**
стерилізатор **sterilizer**	попрілість **nappy rash**	прорізуватися **to be teething**
одноразовий / багаторазовий підгузок **disposable/reusable** **nappy**	гель при прорізуванні зубів **teething gel**	годувати груддю **to breast-feed**

ОДЯГ

чоловічок
Babygro®/sleepsuit

слинявчик
bib

пінетки
bootees *pl*

рукавиці
mittens *pl*

зимовий комбінезон
snowsuit

боді
vest

дитяче харчування
baby food

дитячий крем
baby lotion

дитяча пляшечка
baby's bottle

сумка для підгузків
changing bag

ватяна паличка
cotton bud

бавовняна вата
cotton wool

молочна суміш
formula milk

підгузок
nappy

крем під підгузок
nappy cream

сухар
rusk

присипка
talcum powder

вологі серветки
wet wipes *pl*

дитяча ванночка
baby bath

дитяче автокрісло
baby seat

слінг для немовлят
baby sling

дитяче ліжечко
cot

соска
dummy

стільчик для годування
highchair

мобіль
mobile

колиска-переноска
Moses basket

горщик
potty

візок-колиска
pram

прогулянковий візок
pushchair

манеж-ліжко
travel cot

Крім газет і журналів, газетні кіоски у Великій Британії зазвичай продають марки, лотерейні квитки та скретч-картки, а також широкий асортимент канцтоварів.

СЛОВНИК

кіоск **kiosk**	широкоформатна газета **broadsheet**	канцелярські товари **stationery**
тютюнові вироби **tobacconist**	таблоїд **tabloid**	щоденний **daily**
продавець / продавчиня **vendor**	книга марок **book of stamps**	щотижневий **weekly**

ЗАГАЛЬНЕ

сигара
cigar

цигарка
cigarette

комікс
comic book

солодощі
confectionery

електронна сигарета
e-cigarette

конверт
envelope

вітальна листівка
greetings card

лотерейний квиток
lottery ticket

журнал
magazine

мапа
map

газета
newspaper

блокнот
notebook

ручка
pen

олівець
pencil

поштова листівка
postcard

збірка головоломок
puzzle book

скретч-картка
scratch card

марка
stamp

Універмаг є невід'ємною частиною британського шопінгу, і в Лондоні розташований, мабуть, один із найвідоміших з них - Harrods. Багато магазинів високого класу пропонують послуги персональних покупок.

МОЖНА СКАЗАТИ...

Де відділ чоловічого одягу?
Where is the menswear department?

Який це поверх?
Which floor is this?

Чи ви можете упакувати це як подарунок, будь ласка?
Can you gift-wrap this, please?

В магазині є туалети?
Are there any toilets in the store?

МОЖНА ПОЧУТИ...

Чоловічий одяг на другому поверсі.
Menswear is on the second floor.

Це перший поверх.
This is the first floor.

Бажаєте упакувати як подарунок?
Would you like this gift-wrapped?

Ліфт там.
The lift is over there.

СЛОВНИК

бренд brand	ескалатор escalator	жіночий одяг womenswear
каса counter	ліфт lift	чоловічий одяг menswear
відділ department	туалети toilets *pl*	спортивний одяг sportswear
поверх floor	розпродаж sale	купальники swimwear

ВАРТО ЗНАТИ...

Ви повинні знати, що у Великій Британії ground floor - це те саме, що перший поверх (first floor) в інших країнах, а first floor - це другий поверх, і т. д.

аксесуари
accessories *pl*

косметика
cosmetics *pl*

електротовари
electrical goods *pl*

мода
fashion

їжа та напої
food and drink

взуття
footwear

меблі
furniture

кухонне приладдя
kitchenware

освітлення
lighting

білизна
lingerie

декоративні тканини
soft furnishings *pl*

іграшки
toys *pl*

ОДЯГ ТА ВЗУТТЯ | CLOTHING AND FOOTWEAR

Велика Британія відома своїм сміливим підходом до моди, а британська головна вулиця є домом для відомих міжнародних брендів, унікальних бутиків і всесвітньо відомих будинків моди. Останніми роками також спостерігався бум інтернет-магазинів одягу.

МОЖНА СКАЗАТИ...

Я просто дивлюся, дякую.
I'm just looking, thank you.

Я хотів би це приміряти, будь ласка.
I'd like to try this on, please.

Де примірочні?
Where are the fitting rooms?

У мене... розмір.
I'm a size...

У вас є більший / менший розмір?
Have you got a bigger/smaller size?

Це замале / завелике.
This is too small/big.

Це завузьке / закоротке / задовге.
This is too tight/short/long.

Це порване.
This is torn.

МОЖНА ПОЧУТИ...

Я можу вам чимось допомогти?
Can I help you?

Дайте знати, якщо я можу стати у пригоді.
Let me know if I can help.

Примірочні он там.
The fitting rooms are over there.

Який у вас розмір?
What size are you?

Вибачте, цього немає в наявності.
I'm sorry, it's out of stock.

Вибачте, у нас немає цього розміру / кольору.
I'm sorry, we don't have that size/colour.

Можу принести вам інше.
I can get you another one.

Вам личить.
That suits you.

ВАРТО ЗНАТИ...

Розміри одягу та взуття у Великій Британії відрізняються від розмірів в інших країнах.

СЛОВНИК

одяг **clothes** *pl*	розмір **size**	ювелірні вироби **jewellery**
взуття **shoes** *pl*	примірочна **fitting room**	парасолька **umbrella**

103

спідня білизна	шкіра	великий розмір
underwear	**leather**	**plus-size**
шерсть	шовк	приміряти
wool	**silk**	**to try on**
денім	лайкра	підходити за розміром
denim	**Lycra®**	**to fit**
бавовна	малий розмір	
cotton	**petite**	

ОДЯГ

бікіні
bikini

блузка
blouse

труси-боксери
boxer shorts *pl*

бюстгальтер
bra

кофта
cardigan

пальто
coat

сукня
dress

халат
dressing gown

куртка
jacket

джинси
jeans *pl*

спортивні штани
jogging bottoms *pl*

джемпер
jumper

лосини
leggings *pl*

труси
pants *pl*

піжама
pyjamas *pl*

сорочка
shirt

шорти
shorts *pl*

спідниця
skirt

шкарпетки
socks *pl*

світшот
sweatshirt

купальник
swimsuit

костюм (трійка)
(three-piece) suit

краватка
tie

колготки
tights *pl*

штани
trousers *pl*

футболка
T-shirt

дощовик
waterproof jacket

АКСЕСУАРИ

бейсболка
baseball cap

ремінь
belt

браслет
bracelet

сережки
earrings *pl*

рукавички
gloves *pl*

сумочка
handbag

намисто
necklace

клатч
purse

шарф
scarf

гаманець
wallet

годинник
watch

вовняна шапка
woolly hat

ВЗУТТЯ

чоботи
boots *pl*

взуття на високих
підборах
high heels *pl*

черевики на шнурівці
lace-up shoes *pl*

сандалії
sandals *pl*

капці
slippers *pl*

кросівки
trainers *pl*

У того, хто шукатиме господарські товари, буде чимало варіантів, починаючи від місцевих крамничок, і закінчуючи чисельними великими мережами.

СЛОВНИК

ремонт
home improvements
pl

господарський магазин
hardware shop

інструмент
tool

електроінструмент
power tool

скринька для інструментів
toolbox

електрика
electricity

столярні роботи
joinery

малярні роботи
painting

оздоблення
decorating

сантехніка
plumbing

майструвати
to do DIY

оздоблювати
to decorate

зубило
chisel

електричний дриль
electric drill

молоток
hammer

цвяхи
nails *pl*

болти й гайки
nuts and bolts *pl*

фарба
paint

пензель
paintbrush

малярний валик
paint roller

плоскогубці
pliers *pl*

пила
saw

викрутка
screwdriver

гвинти
screws *pl*

ключ
spanner

водний рівень
spirit level

розсувна драбина
stepladder

кахлі
tiles *pl*

шпалери
wallpaper

гайковий ключ
wrench

Щоб чимось зайнятися на вихідних, часто варто відвідати місцевий садовий центр. Вибравши рослини та подивившись садові меблі та техніку, багато хто любить відпочити в кафе за післяобіднім чаєм. Багато садових центрів також продають одяг та подарунки.

післяобідній чай
afternoon tea

кімнатна рослина
bedding plant

компост
compost

садовий центр
garden centre

підвісна корзина
hanging basket

парасолька
parasol

меблі для внутрішнього дворика
patio furniture

декоративний квітковий горщик
planter

насіння
seeds *pl*

антикварна крамниця
antique shop

чоловіча перукарня
barber's

салон краси
beauty salon

букмекерська контора
bookmaker's

книгарня
bookshop

бутик
boutique

автосалон
car showroom

благодійний магазин
charity shop

магазин знижок
discount store

магазин побутової
техніки
electrical retailer

агентство з
нерухомості
estate agency

квіткова крамниця
florist's

магазин меблів
furniture store

перукарня
hairdresser's

магазин здорової їжі
health food shop

ювелірний магазин
jeweller's

магазин музичних
інструментів
music shop

магазин алкогольних
напоїв
off-licence

оптика
optician's

зоомагазин
pet shop

магазин телефонів
phone shop

магазин взуття
shoe shop

магазин іграшок
toyshop

туристична агенція
travel agent's

ПОВСЯКДЕННЯ | DAY-TO-DAY

Ділові зустрічі, трапеза з друзями чи курси навчання... незалежно від того, як виглядає ваш щоденний розклад під час перебування у Великій Британії, вам знадобиться деякий базовий словник, коли ви збираєтесь виконувати доручення, планувати прогулянки та виконувати повсякденні справи.

чай з молоком
tea with milk

ручка
handle

чашка
cup

блюдце
saucer

До вашої уваги кілька базових слів і фраз, якими можна описувати своє повсякдення та будувати плани з іншими.

МОЖНА ПОЧУТИ...

Куди ви збираєтеся?
Where are you going?

О котрій ви закінчуєте?
What time do you finish?

Що ви робите сьогодні / цього вечора?
What are you doing today/ tonight?

Ви вільні у п'ятницю?
Are you free on Friday?

Бажаєте зустрітися?
Would you like to meet up?

Коли / Де б ви хотіли зустрітися?
When/Where would you like to meet?

МОЖНА СКАЗАТИ...

Я на роботі / в університеті.
I'm at work/uni.

У мене вихідний.
I have a day off.

У мене зустріч.
I've got an appointment.

Я збираюся...
I'm going to...

Я планую...
I'm planning to...

Я повернуся о...
I'll be back by...

Я приєднаюся до вас о...
I'll meet you at...

Я не можу о цій годині, вибачте.
I can't meet up then, sorry.

СЛОВНИК

прокидатися
to wake up

одягатися
to get dressed

приходити
to arrive

йти
to leave

навчатися
to study

працювати
to work

зустрічатися з друзями
to meet friends

іти додому
to go home

лягати спати
to go to bed

У Великій Британії сніданок зазвичай складається з легких пластівців і тостів. Однак, деякі люди люблять час від часу їсти смажений сніданок, який ще називають "повним англійським сніданком" - часто його їдять у вихідні. Варіації "повного англійського" також доступні в інших частинах Великої Британії - повний шотландський сніданок, наприклад, часто включає хагіс!

СЛОВНИК

легкий сніданок **continental breakfast**	хліб з джемом **bread and jam**	снідати **to have breakfast**
хліб з маслом **bread and butter**	мазати **to spread**	не снідати **to skip breakfast**

ВАРТО ЗНАТИ...

Щодня у Великій Британії випивають 165 мільйонів чашок чаю. Британці п'ють чай з холодним молоком і іноді невеликою кількістю цукру.

НАПОЇ

кава
coffee

гарячий шоколад
hot chocolate

молоко
milk

апельсиновий сік
orange juice

смузі
smoothie

чай (з молоком)
tea (with milk)

варене яйце
boiled egg

сухий сніданок
breakfast cereal

шоколадна паста
chocolate spread

круасан
croissant

смажений сніданок
fried breakfast

джем
jam

мармелад
marmalade

мюслі
muesli

вівсяна каша
porridge

омлет
scrambled eggs *pl*

тост
toast

йогурт
yoghurt

Вечеря є основною їжею для більшості домогосподарств Великої Британії. Ланч часто є досить легким - сендвічі є популярним вибором для багатьох.

МОЖНА ПОЧУТИ...

Що ми їстимемо на вечерю?
What's for dinner?

О котрій годині ми обідатимемо?
What time is lunch?

Чи можна мені...?
May I have...?

Можна скуштувати?
Can I try it?

Я не можу їсти...
I can't eat...

МОЖНА СКАЗАТИ...

Ми вечерятимемо...
We're having ... for dinner.

Обід опівдні.
Lunch is at midday,

Прошу до столу!
Dinner's ready!

Бажаєте...?
Would you like...?

Є щось таке, чого ви не можете їсти?
Is there anything you can't eat?

СЛОВНИК

їжа **food**	післяобідній чай **afternoon tea**	перекушувати **to have a snack**
напій **drink**	страви **courses** *pl*	обідати **to have lunch**
обід **lunch**	їсти **to eat**	вечеряти **to have dinner**
вечеря **dinner**	пити **to drink**	ходити в ресторан **to eat out**

ВАРТО ЗНАТИ...

Звичай "післяобіднього чаю" - легка їжа з чаю, бутербродів і тістечок, яка зазвичай подається між 15:00 і 17:00 - виник серед заможніших класів в Англії в середині 19 століття. Зараз його вживають як частування, або як спосіб відзначити особливу подію.

паніронаний камамбер
breaded camembert

часниковий хліб
garlic bread

оливки
olives *pl*

пакора
pakora

паштет
pâté

креветковий коктель
prawn cocktail

киш
quiche

копчений лосось
smoked salmon

суп
soup

печені боби
baked beans *pl*

цвітна капуста під
сирним соусом
cauliflower cheese

картопля фрі
chips *pl*

салат з капусти
coleslaw

варені овочі
cooked vegetables *pl*

картопляне пюре
mashed potato

цибулеві кільця
onion rings *pl*

горох
peas *pl*

картопля
potatoes *pl*

рис
rice

салат
salad

йоркширський пудинг
Yorkshire pudding

курка тіка-масала
chicken tikka masala

запіканка з м'ясом і картоплею
cottage pie

риба з картоплею фрі
fish and chips

хагіс
haggis

ірландське рагу
Irish stew

ланкаширський хотпот (тушковане м'ясо з картоплею)
Lancashire hotpot

суп з горохом і шинкою
pea and ham soup

обід орача
ploughman's lunch

смажений обід
roast dinner

пюре з сосисками
sausages and mash

стейк і пиріг з нирками
steak and kidney pie

грінки з сиром
Welsh rarebit

ДЕСЕРТИ

яблучний пиріг
apple pie

пиріг Бейквелла
Bakewell tart

чізкейк
cheesecake

шоколадний торт
chocolate cake

тертий пиріг
crumble

заварний крем
custard

морозиво
ice cream

безе
meringue

рисовий пудинг
rice pudding

липкий ірисковий
пудинг
sticky toffee pudding

трайфл
trifle

бісквіт королеви
Вікторії
Victoria sponge

У РЕСТОРАНІ | EATING OUT

Велика Британія має різноманітну та багатонаціональну їжу, на яку вплинуло багато різних культур - зазвичай легко знайти щось на свій смак та бюджет. Місця, де можна поїсти поза домом, варіюються від невеликих кафе і затишних пабів до висококласних ресторанів. Зазвичай доцільно бронювати столик, коли плануєте поїсти поза домом, особливо коли їсте в ресторані.

МОЖНА ПОЧУТИ...

Я хотів би забронювати столик.
I'd like to make a reservation.

Столик на чотирьох, будь ласка.
A table for four, please.

Ми готові замовити.
We're ready to order.

Що би ви порадили?
What would you recommend?

Які сьогодні страви дня?
What are the specials today?

Можна мені ..., будь ласка?
May I have ..., please?

У вас є вегетаріанське / веганське меню?
Are there vegetarian/vegan options?

У мене алергія на...
I'm allergic to...

Даруйте, воно холодне.
Excuse me, this is cold.

Це не те, що я замовляв.
This is not what I ordered.

Рахунок, будь ласка.
May we have the bill, please?

МОЖНА СКАЗАТИ...

О котрій?
At what time?

Скільки людей?
How many people?

Вибачте, у нас все заброньовано.
Sorry, we're fully booked.

Бажаєте чого-небудь випити?
Would you like anything to drink?

Ви готові зробити замовлення?
Are you ready to order?

Я вам раджу...
I would recommend...

Страви дня сьогодні...
The specials today are...

Смачного!
Enjoy your meal!

СЛОВНИК

кафе **café**	плата за обслуговування **service charge**	безмолочний **dairy-free**
паб **pub**	чайові **tip**	забронювати столик **to reserve a table**
ресторан **restaurant**	вегетаріанський **vegetarian**	замовляти **to order**
комплексне меню **set menu**	веганський **vegan**	просити рахунок **to ask for the bill**
страви дня **daily specials** *pl*	безглютеновий **gluten-free**	обслуговуватися **to be served**

ВАРТО ЗНАТИ...

Якщо ви бажаєте залишити чайові, вони можуть відрізнятись залежно від типу закладу, який ви відвідуєте. Для невеликих кафе, де ви замовляєте на прилавку, зазвичай достатньо кількох монет для "банки чайових"; для ресторану, який обслуговує столики, зазвичай залишають чайові у розмірі 10-15% від суми рахунку.

бар
bar

рахунок
bill

хлібний кошик
bread basket

стілець
chair

сирний ніж
cheese knife

приправи
condiments *pl*

рибний ніж
fish knife

глечик з водою
jug of water

меню
menu

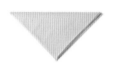

серветка
napkin

сіль і перець
salt and pepper

ніж для м'яса
steak knife

стіл
table

скатерка
tablecloth

зубочистки
toothpicks *pl*

оцет та олія
vinegar and oil

офіціант / офіціантка
waiter/waitress

келих
wine glass

ФАСТ-ФУД | FAST FOOD

У більшості британських міст є величезна різноманітність ресторанів швидкого харчування та ресторанів, які готують на винос. Крім того, онлайн сервіси доставки їжі дозволяють легко замовити їжу в звичайних ресторанах, щоб насолодитися нею вдома.

МОЖНА ПОЧУТИ...

Я хотів би замовити, будь ласка.
I'd like to order, please.

У вас є доставка?
Do you deliver?

Їсти на місці. / Взяти з собою.
I'm sitting in/taking away.

Скільки це займе часу?
How long will it be?

Це все, дякую.
That's everything, thanks.

МОЖНА СКАЗАТИ...

Я можу вам допомогти?
Can I help you?

Вам тут чи з собою?
Sit-in or takeaway?

У нас є доставка / немає доставки.
We do/don't do delivery.

Бажаєте щось ще?
Would you like anything else?

Маленький, середній чи великий?
Small, medium, or large?

СЛОВНИК

мережа фаст-фудів
fast-food chain

вулична їжа
street food

фургон із закусками / бургерами
snack/burger van

щербатий
chippy

драйв-тру
drive-thru

замовлення навинос
an order to go/a takeaway

плата за доставку
delivery charge

кур'єр / кур'єрка
delivery driver

продавець / продавчиня
vendor

замовити онлайн
to order online

замовити по телефону
to phone in an order

зробити замовлення
to place an order

забрати замовлення
to collect an order

гамбургер
burger

картопля фрі
chips *pl*

французький сендвіч
filled baguette

риба з картоплею фрі
fish and chips

хот-дог
hot dog

кебаб
kebab

локшина
noodles *pl*

піца
pizza

сендвіч
sandwich

суші
sushi

підсмажений
бутерброд
toasted sandwich

сендвіч-рап
wrap

Технології відіграють величезну роль у повсякденному житті людей. Кліком миші чи дотиком до екрану ми підтримуємо зв'язок з друзями та рідними, залишаємося в курсі подій та знаходимо потрібну інформацію.

МОЖНА СКАЗАТИ / ПОЧУТИ...

Я подзвоню вам пізніше.
I'll give you a call later.

Я напишу вам повідомлення / електронного листа.
I'll text/email you.

Який у вас номер?
What's your number?

Зв'язок поганий.
This is a bad line.

У мене немає сигналу / Wi-Fi.
I don't have any signal/WiFi.

Яка у вас електронна адреса?
What's your email address?

Адреса сайту...
The website address is...

Який пароль від Wi-Fi?
What's the WiFi password?

Це все одне слово.
It's all one word.

Це великі / малі літери.
It's upper/lower case.

СЛОВНИК

допис **post**	Wi-Fi **WiFi**	клавіатура **keyboard**
соціальні мережі **social media**	сайт **website**	екран **screen**
електронна пошта **email**	посилання **link**	сенсорний екран **touchscreen**
адреса електронної пошти **email address**	значок **icon**	застосунок **app**
інтернет **internet**	миша **mouse**	кнопка **button**
	килимок для миші **mouse mat**	батарея **battery**

кабель **cable**	сигнал мобільного телефона **phone signal**	заряджати свій телефон **to charge your phone**
дані **data**	голосова пошта **voice mail**	вмикати / вимикати **to switch on/off**
мобільний телефон **mobile phone**	телефонувати **to make a phone call**	клацнути на **to click on**
дротовий зв'язок **landline**	публікувати (онлайн) **to post (online)**	ламатися **to crash**
текстове повідомлення **text message**	завантажувати **to download/upload**	перезавантажити **to reboot**

ВАРТО ЗНАТИ...

У Великій Британії використовується клавіатура QWERTY

зарядний пристрій
charger

комп'ютер
computer

SIM-карта
SIM card

смартфон
smartphone

планшет
tablet

бездротовий роутер
wireless router

ОСВІТА | EDUCATION

Системи освіти відрізняються в Англії, Уельсі, Шотландії та Північній Ірландії, і приватна освіта відносно широкодоступна. Як правило, обов'язкова освіта у Великій Британії від 4-5 до 16 років.

МОЖНА ПОЧУТИ...

Що ти вивчаєш?
What are you studying?

В якому ти класі?
What year are you in?

Який твій улюблений предмет?
What's your favourite subject?

Тобі задають домашню роботу?
Do you have any homework?

МОЖНА СКАЗАТИ...

Я вивчаю...
I'm studying...

Я в останньому класі.
I'm in my final year.

Мені подобається...
I enjoy...

Мені дали завдання.
I have an assignment.

СЛОВНИК

дитячий садок **nursery school**	учитель / учителька **teacher**	урок **lesson**
початкова школа **primary school**	директор / директорка школи **headteacher**	лекція **lecture**
старша школа **high school**	прибиральник / прибиральниця **janitor**	консультація **tutorial**
вища освіта **higher education**		домашня робота **homework**
університет **university**	клас **classroom**	іспит **exam**
коледж **college**	інтерактивна дошка **interactive whiteboard**	диплом **degree**
учень / учениця **pupil**	розклад **timetable**	

студент / студентка
(до здобуття ступеня бакалавра)
undergraduate

бакалавр, який продовжує навчання / бакалавриня, яка продовжує навчання
postgraduate

їдальня
canteen

спортивний майданчик
playing field

гуртожиток
halls of residence *pl*

студентський союз
student union

студентська картка
student card

вивчати
to learn

навчати
to teach

повторювати
to revise

складати іспит
to sit an exam

здобувати диплом
to graduate

навчатися
to study

ВАРТО ЗНАТИ...

Навчальний день зазвичай починається о 9 годині ранку і закінчується між 15 і 16:00 з понеділка по п'ятницю. У більшості британських шкіл діє політика шкільної форми.

ШКОЛА

кольорові олівці
colouring pencils *pl*

гумка
eraser

зошит
exercise book

папір
paper

ручка
pen

олівець
pencil

пенал
pencil case

лінійка
ruler

шкільний рюкзак
schoolbag

стругачка
sharpener

підручник
textbook

біла дошка
whiteboard

ВИЩА ОСВІТА

кафетерій
cafeteria

кампус
campus

аудиторія
lecture hall

викладач / викладачка
lecturer

бібліотека
library

студент / студентка
student

Години роботи у Великій Британії традиційно з 9:00 до 17:00, хоча на практиці це дуже відрізняється.

МОЖНА СКАЗАТИ / ПОЧУТИ...

Ми можемо влаштувати зустріч?
Can we arrange a meeting?

У мене зустріч з...
I have a meeting with...

Можна поговорити з...?
May I speak to...?

Я відправлю вам файли електронною поштою.
I'll email the files to you.

Хто телефонує?
Who's calling?

Пан / Пані ... розмовляє по телефону.
Mr/Ms ... is on the phone.

Можна вам передзвонити?
Can I call you back?

Ось моя візитівка.
Here's my business card.

ВАРТО ЗНАТИ...

У багатьох британських офісах працівники їдять за столом або працюють під час обідньої перерви.

СЛОВНИК

керівник / керівниця **manager**	заробітна плата **salary**	звіт **report**
персонал **staff** *pl*	бухгалтерія **accounts** *pl*	зустріч **meeting**
колега **colleague**	цифри **figures** *pl*	конференц-зв'язок **conference call**
клієнт / клієнтка **client**	електронна таблиця **spreadsheet**	відеоконференція **video conference**
людські ресурси **human resources/HR**	презентація **presentation**	чорнильний картридж **ink cartridge**

папка "Вхідні"
inbox

ім'я користувача
username

входити / виходити
to log on/off

файл
file

пароль
password

проводити
презентацію
**to give a
presentation**

вкладення
attachment

набирати
to type

проводити зустріч
to hold a meeting

калькулятор
calculator

робочий стіл
desk

настільна лампа
desk lamp

картотечна шафа
filing cabinet

папка
folder

діркопробивач
hole punch

лоток для паперу
in/out tray

ноутбук
laptop

блокнот
notepad

скріпка
paper clip

копіювальний апарат
photocopier

принтер
printer

папка на кільцях
ring binder

сканер
scanner

ножиці
scissors *pl*

степлер
stapler

папір з липким шаром
sticky notes *pl*

клейка стрічка
sticky tape

обертовий стілець
swivel chair

телефон
telephone

флешка
USB stick

Більшість банків відкриті у звичайні робочі години з понеділка по п'ятницю, а деякі також працюють суботніми ранками.

МОЖНА ПОЧУТИ...

Я хотів би...
I'd like to...

... відкрити рахунок.
... open an account.

... подати заявку на позику.
... apply for a loan.

... підключити інтернет-банкінг.
... register for online banking.

обміняти гроші
... exchange some money.

За цю послугу стягується плата?
Is there a fee for this service?

Мені потрібно закрити свою дебетову / кредитну картку.
I need to cancel my debit/ credit card.

МОЖНА СКАЗАТИ...

Ваше посвідчення особи, будь ласка.
May I see your ID, please?

Скільки бажаєте зняти з рахунку / покласти на рахунок?
How much would you like to withdraw/deposit?

Можете, будь ласка, ввести свій PIN-код?
Could you enter your PIN, please?

Ви маєте заповнити заявку.
You must fill out an application form.

Ви маєте призначити зустріч.
You must make an appointment.

За цю послугу стягується плата.
There is a fee for this service.

СЛОВНИК

відділення **branch**	розрахунковий рахунок **current account**	банківська виписка **bank statement**
касир / касирка **cashier**	ощадний рахунок **savings account**	сальдо банківського рахунку **bank balance**
інтернет-банкінг **online banking**	номер рахунку **account number**	овердрафт **overdraft**
банківський рахунок **bank account**	номер відділення **sort code**	банківський переказ **bank transfer**

чекова книжка
chequebook

валюта
currency

позика
loan

іпотека
mortgage

відсоток
interest

позичати
to borrow

відшкодувати
to repay

знімати кошти з рахунку
to withdraw

робити внесок
to make a deposit

обмінювати гроші
to change money

ВАРТО ЗНАТИ...

Якщо ви використовуєте іноземну дебетову картку під час перебування у Великій Британії, майте на увазі, що ваш банк може стягувати комісію за обмін валюти.

банкомат
ATM

банкноти
banknotes *pl*

пункт обміну валют
bureau de change

дебетова / кредитна картка
debit/credit card

обмінний курс
exchange rate

банківська комірка
safety deposit box

У поштових відділень бувають дуже різні розклади роботи, тому перевірте, о котрій відчиняється та зачиняється найближче до вас відділення.

МОЖНА ПОЧУТИ...

Я хотів би відправити це пріоритетним листом / авіапоштою.
I'd like to send this first-class/ by airmail.

Чи можу я отримати підтвердження відправлення?
Can I get a certificate of postage, please?

Які строки доставки?
How long will delivery take?

Мені, будь ласка, марковий аркуш.
I'd like a book of stamps, please.

МОЖНА СКАЗАТИ...

Покладіть, будь ласка, на ваги.
Place it on the scales, please.

Що всередині?
What are the contents?

Яка вартість цієї посилки?
What is the value of this parcel?

Бажаєте отримати підтвердження відправлення?
Would you like a certificate of postage?

Скільки марок вам потрібно?
How many stamps do you require?

СЛОВНИК

адреса **address**	кур'єр / кур'єрка **courier**	лист другого класу **second-class letter**
поштовий індекс **postcode**	кореспонденція **mail**	відправляти поштою **to post**
довідка про поштові витрати **certificate of postage**	авіапошта **airmail**	посилати **to send**
	лист першого класу **first-class letter**	

ВАРТО ЗНАТИ...

Поштові скриньки у Великій Британії традиційно пофарбовані у червоний колір, але слідкуйте за золотими поштовими скриньками у деяких містечках і містах - вони відзначають золоті медалі, завойовані місцевими спортсменами на Олімпійських і Параолімпійських іграх у Лондоні 2012 року.

коробка
box

картка доставки
delivery card

конверт
envelope

лист
letter

пакет
package

конверт з бульбашковою плівкою
padded envelope

скотч для посилок
parcel tape

поштова скринька
postbox

листівка
postcard

поштар / поштарка
postal worker

марка
stamp

МОЖНА ПОЧУТИ...

Як мені дістатися до центру міста?
How do I get to the city centre?

Мені треба сходити до...
I need to go to...

Я хотів би відвідати...
I'd like to visit...

Які там години роботи?
What are the opening hours?

МОЖНА СКАЗАТИ...

Відчинено з... до...
It's open between ... and...

Він зачинений по неділях.
It's closed on Sundays.

ВАЖЛИВІ МІСЦЯ

кафе
café

собор
cathedral

церква
church

конференц-центр
conference centre

будівля суду
courthouse

пожежна частина
fire station

фонтан
fountain

лікарня
hospital

готель
hotel

пральня-автомат
laundrette

бібліотека
library

мечеть
mosque

офісна будівля
office block

парк
park

дитячий майданчик
playground

поліцейська дільниця
police station

синагога
synagogue

міська ратуша
town hall

ДОЗВІЛЛЯ | LEISURE

Одноденна мандрівка, відпустка, вечір поза домом або навіть удома – кожному з нас подобається проводити вільний час по-своєму. Це також поширена тема для розмови з друзями та колегами: хто ж не любить поговорити про свята, хобі та відпочинок?

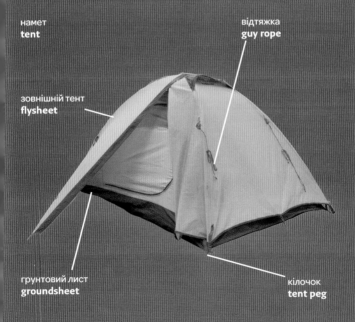

намет
tent

відтяжка
guy rope

зовнішній тент
flysheet

ґрунтовий лист
groundsheet

кілочок
tent peg

МОЖНА СКАЗАТИ...

Чим би ви хотіли зайнятися?
What would you like to do?

Як ви проводите свій вільний час?
What do you do in your spare time?

У вас є якісь хобі?
Have you got any hobbies?

Ви любите...?
Do you enjoy...?

Як ви захопилися...?
How did you get into...?

Ви спортивна / творча / музикальна людина?
Are you sporty/creative/ musical?

Ви цього року їдете у відпустку?
Are you going on holiday this year?

МОЖНА ПОЧУТИ...

Я захоплююся...
My hobbies are...

Я люблю...
I like...

Мені це дуже подобається.
I really enjoy it.

Це не моє.
It's not for me.

Я їду у відпустку.
I'm going on holiday.

Я спортивна / творча / музикальна людина.
I am sporty/creative/musical.

У мене багато / мало вільного часу.
I have/don't have a lot of spare time.

СЛОВНИК

відпустка **holiday**	веселий **fun**	проводити час **to pass the time**
вільний час **spare time**	нудний **boring**	розслаблятися **to relax**
заняття **activity**	цікавитися **to be interested in**	діставати задоволення **to enjoy**
хобі / розвага **hobby/pastime**	палко захоплюватися **to be keen on**	нудьгувати **to be bored**

куховарення
cooking

майстрування
DIY

відеоігри
gaming

садівництво
gardening

біг підтюпцем
jogging

слухати музику
listening to music

читання
reading

шопінг
shopping

спорт
sport

мандрівки
travelling

піші прогулянки
walking

дивитися телевізор /
фільми
watching TV/films

Величезна кількість туристів з усього світу щороку приїжджає до Великої Британії, щоб познайомитися з її гарними містами, красивою сільською місцевістю та багатою історичною спадщиною.

МОЖНА СКАЗАТИ...

Скільки коштує вхід?
How much is it to get in?

Чи є знижка для студентів?
Is there a discount for students?

Де туристичний офіс?
Where is the tourist office?

Чи проводяться екскурсії?
Are there sightseeing tours?

Чи є аудіогід?
Are there audio guides available?

МОЖНА ПОЧУТИ...

Вхід коштує...
Entry costs...

Знижка є / знижки немає.
There is/isn't a discount available.

Туристичний офіс знаходиться...
The tourist office is located...

Ви можете замовити екскурсію.
You can book a guided tour.

Аудіогід є / аудіогіда немає.
Audio guides are/are not available.

СЛОВНИК

турист / туристка **tourist**	природний заповідник **nature reserve**	аудіогід **audio guide**
туристична принада **tourist attraction**	історична пам'ятка **historic site**	відвідувати **to visit**
коротка подорож **excursion**	екскурсія **guided tour**	бачити **to see**

ВАРТО ЗНАТИ...

Деякі культурні та історичні об'єкти, такі як музеї, художні галереї та величні будинки, пропонують знижки для студентів та відвідувачів старше 60 років.

художня галерея
art gallery

фотокамера
camera

замок
castle

собор
cathedral

мапа міста
city map

громадський сад
gardens *pl*

путівник
guidebook

пам'ятник
monument

музей
museum

екскурсійний автобус
sightseeing bus

екскурсовод
tour guide

туристичний офіс
tourist office

Щодо нічного життя у британських містах та містечках, варто запитати у туристичному офісі про тутешні події та заклади. Чому б також не поцікавитися особистою думкою місцевих мешканців про найкращі бари та клуби?

МОЖНА СКАЗАТИ...

Куди тут можна піти ввечері?
What is there to do at night?

Що йде в кінотеатрах / театрах?
What's on at the cinema/ theatre?

Де найкращі бари / клуби?
Where are the best bars/clubs?

Хочете піти чого-небудь випити?
Do you want to go for a drink?

Бажаєте піти в кіно / на виставу?
Do you want to go and see a film/show?

Чи є квитки на...?
Are there tickets for...?

Два квитки в партер / на балкон, будь ласка.
Two seats in the stalls/balcony, please.

О котрій початок?
What time does it start?

Мені було весело.
I enjoyed myself.

МОЖНА ПОЧУТИ...

Нічне життя тут насичене / не дуже насичене.
The nightlife is/isn't great around here.

Мій улюблений бар / клуб...
My favourite bar/club is...

Я піду чого-небудь випити / в театр.
I'm going for a few drinks/to the theatre.

Я би хотів подивитися один фільм / виставу.
There's a film/show I'd like to see.

Квитки ще є.
There are tickets left.

Квитків уже немає.
There are no tickets left.

Початок о сьомій вечора.
It begins at 7 o'clock.

Будь ласка, вимкніть ваші мобільні телефони.
Please turn off your mobile phones.

Ви добре провели вечір?
Did you have a good night?

СЛОВНИК

напій **a drink**	фільм **film**	дивитися виставу **to see a show**
нічне життя **nightlife**	фестиваль **festival**	дивитися фільм **to watch a film**
свято **party**	каса **box office**	піти на танці **to go dancing**
вистава **show**	знайомитися з людьми **to socialize**	замовляти їжу / напої **to order food/drinks**
п'єса **play**	розважатися **to enjoy oneself**	

ВАРТО ЗНАТИ...

Ресторани у Великій Британії зазвичай не працюють так довго, як в інших частинах світу. Якщо ви відвідуєте паб, де подають страви, то майте на увазі, що кухня може закритися задовго до бару.

балет
ballet

бар
bar

казино
casino

кіно
cinema

гумористичний виступ
comedy show

концерт
concert

парк розваг
funfair

караоке
karaoke

мюзикл
musical

нічний клуб
nightclub

опера
opera

ресторан
restaurant

театр
theatre

Для відвідувачів Великої Британії доступно багато різних типів розміщення на будь-який бюджет. Місця для проживання варіюються від елітних і бутик-готелів до затишних готелів типу "ліжко та сніданок" і недорогих молодіжних хостелів.

МОЖНА СКАЗАТИ...

У вас є вільні номери?
Have you got any rooms available?

Скільки коштує ніч?
How much is it per night?

Сніданок включено у вартість?
Is breakfast included?

Я хотів би заселитися в номер / виїхати з номера, будь ласка.
I'd like to check in/out, please.

У мене заброньовано номер.
I have a reservation.

Я хотів би забронювати одномісний / двомісний номер, будь ласка.
I'd like to book a single/double room, please.

О котрій я маю виїхати?
What time do I have to check out?

Можна мені переселитися у кращий номер?
Could I upgrade my room?

О котрій подається сніданок?
What time is breakfast served?

Мені в номер потрібні чисті рушники / більше мила.
I need fresh towels/more soap for my room.

Я в номері...
I'm in room number...

Я загубив ключ.
I've lost my key.

Я хотів би поскаржитися.
I'd like to make a complaint.

ВАРТО ЗНАТИ...

Зараз у Великій Британії не стягується туристичний податок. Однак такі збори планується ввести в ряді особливо популярних туристичних напрямків.

МОЖНА ПОЧУТИ...

У нас є вільні номери / немає вільних номерів.
We have/don't have rooms available.

Ви могли би мені надати номер вашої кімнати?
May I have your room number?

Наші ціни...
Our rates are...

Ваші документи, будь ласка.
May I see your documents, please?

Сніданок включено / не включено.
Breakfast is/is not included.

Ви можете заселитися після...
You may check in after...

Сніданок подається о...
Breakfast is served at...

Ви маєте виїхати до...
You must check out before...

СЛОВНИК

молодіжний хостел
youth hostel

обслуговування в номері
room service

заселитися
to check in

гостьова кімната
bed and breakfast

дзвінок-будильник
wake-up call

виїхати
to check out

повний пансіон
full board

номер кімнати
room number

замовити обслуговування в номері
to order room service

напівпансіон
half board

за особу і за ніч
per person per night

коридор
corridor

табличка "Не турбувати"
"do not disturb" sign

двомісний номер (з одним двоспальним ліжком)
double room

ключ-карта
key card

міні-бар
minibar

носій
porter

рецепція
reception

адміністратор /
адміністраторка
рецепції
receptionist

сейф
safe

одномісний номер
single room

туалетне приладдя
toiletries *pl*

двомісний номер (з двома
окремими ліжками)
twin room

КЕМПІНГ | CAMPING

По всій Великій Британії є велика кількість кемпінгів, а для тих, хто бажає дослідити британську сільську місцевість, також є варіанти дикого кемпінгу. Однак, перш ніж розташувати табір де-небудь, окрім кемпінгу, ви повинні отримати дозвіл від власника землі, якщо це можливо.

МОЖНА СКАЗАТИ...

Тут дозволено кемпінг?
Is it OK to camp in this area?

У вас є вільні ділянки?
Have you got spaces available?

Я хотів би забронювати... ночей.
I'd like to book for ... nights.

Скільки коштує ніч?
How much is it per night?

Де тут туалети / душові?
Where is the toilet/shower block?

Цю воду можна пити?
Is the water drinkable?

МОЖНА ПОЧУТИ...

Тут можна / не можна ставити намет.
You can/can't put your tent up here.

У нас є вільні ділянки / немає вільних ділянок.
We have/don't have spaces available.

Ніч коштує...
It costs ... per night.

Туалети / душові розташовані...
The toilets/showers are located...

Цю воду можна / не можна пити.
The water is/is not drinkable.

СЛОВНИК

кемпінг **campsite**	електромережа **electricity hook-up**	розташовуватися табором **to camp**
шале **chalet**	туалети / душові **toilet/shower block**	ставити намет **to pitch a tent**
селище для кемпінгу **holiday village**	турист **camper**	збирати намет **to take down a tent**
майданчик **pitch**	мандрівник / мандрівниця у трейлері **caravanner**	подорожувати трейлером **to go caravanning**

надувний матрац
air bed

похідна плита
camping stove

житловий трейлер
caravan

ізотермічний
контейнер
cool box

ножний насос
foot pump

сірники
matches *pl*

автодім
motorhome

ковдра для пікніка
picnic blanket

рюкзак
rucksack

спальний мішок
sleeping bag

намет
tent

ліхтарик
torch

Велика Британія може похвалитися найдовшою береговою лінією з усіх європейських країн - лише материкова Британія має довжину берегової лінії понад 17000 км. Узбережжя пропонує цілий ряд визначних пам'яток і природних об'єктів, від барвистих морських курортів і піщаних пляжів до вражаючих скель і морів.

МОЖНА СКАЗАТИ...

Чи є поблизу гарний пляж?
Is there a good beach nearby?

Тут можна купатися?
Is swimming permitted?

Вода холодна?
Is the water cold?

Можна орендувати...?
Can we hire...?

Допоможіть! Рятувальник!
Help! Lifeguard!

МОЖНА ПОЧУТИ...

Це громадський / приватний пляж.
This is a public/private beach.

Купатися дозволено / заборонено.
Swimming is allowed/ forbidden.

На пляжі працюють рятувальники / немає рятувальників.
Swimming is/is not supervised.

Вода тепла / холодна / крижана!
The water is warm/cold/ freezing!

СЛОВНИК

пісок **sand**	"Купатися заборонено" **"No swimming"**	засмага **suntan**
узбережжя **shore**	рятувальник / рятувальниця **lifeguard**	приймати сонячні ванни **to sunbathe**
пляж з винагородою Blue Flag за чистоту **Blue Flag beach**	берегова охорона **coastguard**	плавати **to swim**

ВАРТО ЗНАТИ...

Не всі британські пляжі патрулюють рятувальники, але червоно-жовтий прапор означає, що на пляжі чергує рятувальник. Червоний прапор вказує на небезпечні умови, а жовтий прапор означає, що ви повинні бути особливо обережними у воді.

БЕРЕГ МОРЯ

пірс
pier

море
sea

гальковий пляж
shingle beach

шезлонг
deckchair

ЗАГАЛЬНЕ

пляжний м'яч
beach ball

пляжна кабінка
beach hut

пляжний рушник
beach towel

бікіні
bikini

відро та лопатка
bucket and spade

шльопанці
flip-flops *pl*

155

фургон з морозивом
ice-cream van

парасолька
parasol

променад
promenade

замок з піску
sandcastle

мушлі
seashells *pl*

водорості
seaweed

сонцезахисні окуляри
sunglasses *pl*

літній капелюх
sunhat

сонцезахисний крем
suntan lotion

плавки
swimming trunks *pl*

купальник
swimsuit

вітрозахисний екран
windbreak

МУЗИКА | MUSIC

У Великій Британії протягом року проходить велика різноманітність музичних фестивалів, починаючи від масштабних рок- і поп-заходів, таких як Гластонбері, і закінчуючи відомими фестивалями класичної музики, такими як The Proms у Лондоні.

МОЖНА СКАЗАТИ...

Я люблю слухати музику.
I enjoy listening to music.

Я вчуся грати на...
I'm learning to play the...

Який стиль музики тобі подобається?
What kind of music do you like?

Тут бувають концерти?
Is there a live music scene here?

МОЖНА ПОЧУТИ...

Мені подобається / не подобається...
I like/don't like...

Мій улюблений гурт...
My favourite group is...

Тут є хороша музична сцена.
There's a good music scene here.

СЛОВНИК

пісня **song**	ді-джей **DJ**	хіп-хоп **hip-hop**
альбом **album**	компакт-диск **CD**	реп **rap**
гурт **band**	вінілова платівка **vinyl record**	класична музика **classical music**
концерт **live music/gig**	мікрофон **microphone**	фолк-музика **folk music**
співак-пісняр / співачка-піснярка **singer-songwriter**	поп-музика **pop**	електронна музика **electronic music**
	рок-музика **rock**	джаз **jazz**

грати на інструменті
to play an instrument

співати
to sing

слухати музику
to listen to music

ходити на концерти
to go to gigs

слухати музику в потоковому режимі
to stream music

ЗАГАЛЬНЕ

хор
choir

диригент / диригентка
conductor

музикант / музикантка
musician

оркестр
orchestra

ноти
sheet music

співак / співачка
singer

МУЗИЧНІ ІНСТРУМЕНТИ

акордеон
accordion

акустична гітара
acoustic guitar

волинка
bagpipes *pl*

бас-гітара
bass guitar

віолончель
cello

кларнет
clarinet

контрабас
double bass

барабан
drum

електрогітара
electric guitar

флейта
flute

арфа
harp

клавір
keyboard

губна гармоніка
mouth organ

фортепіано
piano

саксофон
saxophone

бубен
tambourine

тромбон
trombone

труба
trumpet

туба
tuba

скрипка
violin

ксилофон
xylophone

ОБЛАДНАННЯ

колонка Bluetooth®
Bluetooth® speaker

навушники (вкладиші)
earphones *pl*

навушники (накладні)
headphones *pl*

саундбар
soundbar

колонки
speakers *pl*

програвач
turntable

МОЖНА СКАЗАТИ...

Тут можна фотографуватися?
Can I take photos here?

Де можна роздрукувати фото?
Where can I print my photos?

МОЖНА ПОЧУТИ...

Фотозйомка заборонена.
Photography isn't allowed.

Посміхніться!
Say cheese!

СЛОВНИК

фотограф /
фотографиня
photographer

фото
photo

селфі
selfie

монопод для селфі
selfie stick

зробити фото / селфі
**to take a photo/
selfie**

наближати
зображення
to zoom in

об'єктив
camera lens

компактна камера
compact camera

дрон
drone

цифрова однооб'єктивна
дзеркальна фотокамера
DSLR camera

SD-карта
SD card

штатив
tripod

Настільні ігри подобаються багатьом британцям, а в такі ігри, як дартс і карти, як правило, грають у пабах по всій Великій Британії. Відеоігри та онлайн-ігри, включаючи онлайн-покер і бінго, також є популярними способами проведення дозвілля.

МОЖНА СКАЗАТИ...

У що би ви хотіли пограти?
What would you like to play?

Які тут правила?
What are the rules?

МОЖНА ПОЧУТИ...

Ваш хід.
It's your turn.

Час вичерпано!
Time's up!

СЛОВНИК

гравець / гравчиня **player**	розклад (у картах) **hand (in cards)**	судоку **sudoku**
шаради **charades**	відеогра **video game**	паб-вікторина **pub quiz**
хованки **hide and seek**	джойстик **joystick**	грати **to play**
пасьянс **solitaire**	шолом віртуальної реальності **virtual reality headset**	кидати кості **to roll the dice**
покер **poker**		вигравати **to win**
бінго **bingo**	кросворд **crossword**	програвати **to lose**

ВАРТО ЗНАТИ...

Багато пабів і кафе у Великій Британії регулярно проводять вечори вікторин - команди учасників змагаються одна з одною, щоб відповісти на загальні питання і виграти призи. Це може бути чудовою можливістю використовувати та вдосконалювати свою англійську!

настільна гра
board game

боулінг
bowling

карти
cards *pl*

шахи
chess

фішки
counters *pl*

дартс
darts

гральні кості
dice

доміно
dominoes

шашки
draughts

ігровий контролер
game controller

гральна консоль
games console

пазл
jigsaw puzzle

У Великій Британії існує широкий інтерес до мистецтва і ремесел, по всій країні проводяться регулярні ярмарки ремесел.

СЛОВНИК

ручна робота **handicrafts** *pl*	митець / мисткиня **artist**	робити ескіз **to sketch**
в'язання **knitting**	аматор / аматорка **amateur**	шити **to sew**
шиття **sewing**	кравець / кравчиня **dressmaker**	в'язати **to knit**
реміснечий ярмарок **craft fair**	малювати (фарбами) **to paint**	в'язати гачком **to crochet**

РЕМЕСЛА

вишивка
embroidery

виготовлення прикрас
jewellery-making

моделізм
model-making

вироби з паперу
papercrafts *pl*

гончарство
pottery

столярство
woodwork

полотно
canvas

мольберт
easel

чорнило
ink

олійна фарба
oil paint

пензлик
paintbrush

палітра
palette

папір
paper

пастелі
pastels *pl*

ручка
pen

олівець
pencil

альбом для ескізів
sketchpad

акварельні фарби
watercolours *pl*

клубок шерсті
ball of wool

ґудзики
buttons *pl*

в'язальний гачок
crochet hook

тканина
fabric

кравецькі ножиці
fabric scissors *pl*

в'язальні спиці
knitting needles *pl*

нитка і голка
needle and thread

шпильки
pins *pl*

англійська шпилька
safety pin

скринька для шиття
sewing basket

швацька машина
sewing machine

сантиметр
tape measure

СПОРТ | SPORT

Сполучене Королівство має вражаючу спортивну історію, як у футболі чи регбі, так і у велоспорті чи лижному спорті. Є сотні спортивних та фітнес клубів, до яких можна приєднатись, а також спортивних подій по всій країні, у яких можна брати участь як гравець чи відвідувач. Ви можете брати участь у спортивних подіях, відвідувати спортзал чи просто спілкуватись про те як справи у вашої улюбленої команди.

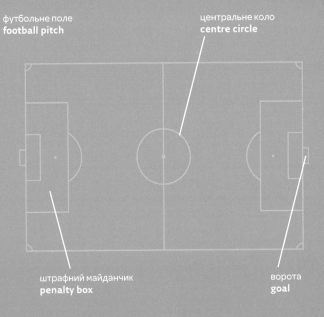

футбольне поле
football pitch

центральне коло
centre circle

штрафний майданчик
penalty box

ворота
goal

МОЖНА СКАЗАТИ...

Мені подобається бути активним.
I like keeping active.

Де знаходиться...?
Where is...?

Де найближчий...?
Where is the nearest...?

Я тренуюсь ... разів на тиждень.
I train ... times per week.

Я граю в регбі / хокей.
I play rugby/hockey.

Я хотів би забронювати...
I'd like to book...

МОЖНА ПОЧУТИ...

Поруч є...
There's a ... nearby.

Ви займаєтесь якимось спортом?
Do you do any sports?

Де / Коли ви тренуєтесь?
Where/When do you train?

Ви слідкуєте за яким-небудь
видом спорту?
Do you follow any sports?

Яка ваша улюблена команда?
What's your favourite team?

Я фанат...
I'm a ... fan.

СЛОВНИК

турнір **tournament**	товариш по команді / товаришка по команді **teammate**	тренувати **to coach**
змагання **competition**	тренер / тренерка **coach**	змагатись **to compete**
ліга **league**	менеджер / менеджерка **manager**	вести у рахунку **to score**
чемпіон / чемпіонка **champion**	матч **match**	виграти **to win**
суперник / суперниця **competitor**	очки **points** *pl*	програти **to lose**
		зіграти внічию **to draw**

спортивний зал
leisure centre

медаль
medal

суддя
official

п'єдестал пошани
podium

арбітр
referee

табло
scoreboard

глядачі
spectators *pl*

спортсмен /
спортсменка
sportsperson

стадіон
stadium

трибуна
stands *pl*

команда
team

трофей
trophy

МОЖНА СКАЗАТИ...

Я хотів би записатися до тренажерного залу.
I'd like to join the gym.

Я хотів би забронювати заняття.
I'd like to book a class.

Яке у вас обладнання?
What are the facilities like?

Який вид тренувань ви тут проводите?
What classes can you do here?

МОЖНА ПОЧУТИ...

Ви є членом тренажерного залу?
Are you a member of the gym?

Чи хотіли б ви забронювати вступ?
Would you like to book an induction?

На який час вас записати?
What time would you like to book for?

СЛОВНИК

тренажерний зал **gym**	пілатес **Pilates**	ваги **weights** *pl*
абонемент у спортзал **gym membership**	йога **yoga**	тренуватися **to exercise**
фітнес-інструктор / фітнес-інструкторка **gym instructor**	віджимання **press-ups** *pl*	підтримувати форму **to keep fit**
особистий тренер / особиста тренерка **personal trainer**	седи **sit-ups** *pl*	займатись бігом **to go for a run**
заняття фізкультурою **exercise class**	біг **running**	відвідувати тренажерний зал **to go to the gym**

ВАРТО ЗНАТИ...

Деякі тренажерні зали можуть вимагати повної оплати абонементу на весь період, навіть якщо ви не можете продовжити відвідування.

ТРЕНАЖЕРНИЙ ЗАЛ

роздягальня
changing room

еліптичний крос-
тренажер
cross trainer

гантель
dumbbell

велотренажер
exercise bike

тренажерний м'яч
gym ball

гиря
kettlebell

шафка із замком
locker

гребний тренажер
rowing machine

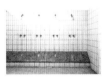

душові
showers *pl*

скакалка
skipping rope

бігова доріжка
treadmill

лава для важкої
атлетики
weightlifting bench

ФУТБОЛ | FOOTBALL

Футбол є найпопулярнішим видом спорту у Великій Британії. Багато хто вважає її батьківщиною гри, тут розташовані деякі з найстаріших команд цього виду спорту, а також проводяться найдавніші змагання. Команди Сполученого Королівства немає; кожна частина країни має свою збірну. Багато людей також вирішують підтримувати свою місцеву команду, а не одну з більших команд.

МОЖНА СКАЗАТИ...

Ви будете дивитись матч?
Are you going to watch the match?

Який рахунок?
What's the score?

Фол!
Foul!

МОЖНА ПОЧУТИ...

Я дивлюсь матч.
I'm watching the match.

Рахунок...
The score is...

Вперед!
Go on!

СЛОВНИК

захисник / захисниця **defender**	додатковий час **extra time**	штрафний майданчик **penalty box**
нападник / нападниця **striker**	доданий час **added time**	центральне коло **centre circle**
запасний гравець / запасна гравчиня **substitute**	штрафний удар **free kick**	міні-футбол **five-a-side football**
введення м'яча у гру **kick-off**	гра головою **header**	грати у футбол **to play football**
перерва **half-time**	сейв **save**	бити ногою **to kick**
закінчення матчу **full-time**	офсайд **offside**	передавати м'яч **to pass the ball**
	пенальті **penalty**	забити гол **to score a goal**

суддя на лінії
assistant referee

футбольний м'яч
football

футбольні бутси
football boots *pl*

футбольний матч
football match

футбольне поле
football pitch

футболіст / футболістка
football player

ворота
goal

воротар / воротарка
goalkeeper

воротарські рукавички
goalkeeper's gloves *pl*

щитки
shin pads *pl*

свисток
whistle

жовта / червона карточка
yellow/red card

Регбі союз та регбі ліга широко розповсюджені у Сполученому Королівстві. Турнір шести націй, у якому беруть участь команди з Англії, Шотландії, Ірландії, Уельсу, Франції та Італії, відбувається щороку в лютому та березні.

СЛОВНИК

регбі ліга
rugby league

регбі союз
rugby union

регбі на інвалідних візках
wheelchair rugby

нападник / нападниця
forward

захисник / захисниця
back

спроба
try

перетворення
conversion

пенальті
penalty kick

кидок
drop goal

пас
pass

захисний шолом
headguard

капа
mouthguard

грати в регбі
to play rugby

блокувати
to tackle

забити спробу
to score a try

регбі
rugby

м'яч для регбі
rugby ball

поле для регбі
rugby field

регбіст / регбістка
rugby player

стійки воріт (регбі)
(rugby) posts *pl*

сутичка
scrum

Крикет особливо популярний в Англії, хоча він також має прихильників в Уельсі, Шотландії та Північній Ірландії. Турнір Ashes, що проводиться кожні два роки між збірними Англії та Австралії, вважається головним змаганням у цьому виді спорту.

СЛОВНИК

гравець / гравчиня у крикет **cricketer**	форма для гри у крикет **cricket whites** *pl*	подавати м'яч **to bowl**
гравець / гравчиня з биткою **batter**	подача **innings**	бити биткою **to bat**
боулер **bowler**	серія кидків **over**	приймати м'яч **to field**
гравець, що охороняє ворітця **wicket-keeper**	перебіжка **run**	зробити пробіжку **to score a run**

крикет
cricket

м'яч для крикету
cricket ball

біта
cricket bat

шолом для крикету
cricket helmet

накладки на ноги
leg pads *pl*

ворітця
wicket

Історія тенісу налічує сотні років, і сьогодні це один з найпопулярніших видів спорту Британії, яким захоплюються і старі і малі.

СЛОВНИК

подача навиліт **ace**	обмін ударами **rally**	грати в теніс **to play tennis**
подача **serve**	рівний рахунок **deuce**	грати в бадмінтон / сквош **to play badminton/** **squash**
удар ліворуч **backhand**	перший сіяний в турнірі **top seed**	бити **to hit**
удар справа **forehand**	гейм, сет і матч **game, set and match**	подавати **to serve**
неправильна подача **fault**	індивідуальні ігри **singles (match)**	взяти подачу свого суперника **to break his/her** **serve**
крісло судді **umpire's chair**	парні ігри **doubles (match)**	

ВАРТО ЗНАТИ...

Вімблдон є найстарішим чемпіонатом з тенісу в світі, що бере свій початок з 1877 року. Щоліта протягом турніру використовується понад 54000 тенісних м'ячів.

БАДМІНТОН

бадмінтон
badminton

ракетка для бадмінтону
badminton racket

волан
shuttlecock

СКВОШ

сквош
squash

м'яч для сквошу
squash ball

ракетка для сквошу
squash racket

ТЕНІС

хлопчик / дівчинка, що
підбирає м'яч
ball boy/ball girl

суддя на лінії
line judge

сітка
net

теніс
tennis

тенісний м'яч
tennis ball

тенісний корт
tennis court

тенісист / тенісистка
tennis player

тенісна ракетка
tennis racket

суддя
umpire

ВОДНІ ВИДИ СПОРТУ | WATER SPORTS

Є велика кількість водних видів спорту, які ви можете спробувати, перебуваючи у Британії, як на узбережжі, так і всередині країни. Завжди бажано шукати досвідчених інструкторів і отримати відповідне захисне обладнання.

МОЖНА СКАЗАТИ...

Я завзятий плавець.
I'm a keen swimmer.

Чи можу я найняти...?
Can I hire...?

МОЖНА ПОЧУТИ...

Ви повинні носити рятувальний жилет.
You must wear a lifejacket.

Вода глибока / мілка.
The water is deep/shallow.

СЛОВНИК

плавання **swimming**	урок плавання **swimming lesson**	серфер / жінка-серфер **surfer**
плавець / плавчиха **swimmer**	дайвер / жінка-дайвер **diver**	плавати **to swim**
стиль плавання "брас" **breaststroke**	дайвінг **diving**	пірнати **to dive**
плавання на спині **backstroke**	підводне плавання **scuba diving**	займатися серфінгом **to surf**
стиль плавання "кроль" **front crawl**	бодібординг **bodyboarding**	веслувати **to paddle**
стиль плавання "батерфляй" **butterfly**	дихальна трубка (для підводного плавання) **snorkelling**	гребти **to row**
доріжка **lane**	веслування **paddleboarding**	іти під вітрилами **to sail**
довжина корпусу **length**	рибалка **angler**	ловити рибу **to fish**

БАСЕЙН

наручні пов'язки
armbands *pl*

вишка для стрибків
diving board

ласти
flippers *pl*

захисні окуляри
goggles *pl*

рятувальник /
рятувальниця
lifeguard

шапочка для плавання
swimming cap

басейн
swimming pool

плавки
swimming trunks *pl*

купальник
swimsuit

ВІДКРИТА ВОДА

веслування на каное
canoeing

риболовля
fishing

вудка
fishing rod

водний мотоцикл
jet ski®

байдарка
kayaking

рятувальний жилет
lifejacket

весла
oars *pl*

байдаркове весло
paddle

веслування
rowing

плавання під вітрилами
sailing

дошка для серфінгу
surfboard

серфінг
surfing

воднолижний спорт
waterskiing

гідрокостюм
wetsuit

віндсерфінг
windsurfing

Помірний клімат Великої Британії не означає, що тут немає можливостей для занять зимовими видами спорту. У Шотландському нагір'ї є кілька гірськолижних курортів, а в таких районах як Пік Дістрікт і Сноудонія можна прогулятися чи піднятися на гору.

МОЖНА СКАЗАТИ...

Можна взяти напрокат лижі?
Can I hire some skis?

Я би хотів взяти заняття з катання на лижах.
I'd like a skiing lesson.

Які снігові умови?
What are the snow conditions like?

Я впав.
I've fallen.

МОЖНА ПОЧУТИ...

Тут ви можете взяти напрокат лижі.
You can hire skis here.

Тут ви можете замовити заняття з катання на лижах.
You can book a skiing lesson here.

Умови хороші / погані.
The conditions are good/bad.

Існує ризик сходження лавин.
There's an avalanche risk.

Будьте обережні.
Be careful.

СЛОВНИК

лижник / лижниця
skier

гірськолижний курорт
ski resort

гірськолижний підйомник
ski lift

лижний інструктор / інструкторка
ski instructor

лавина
avalanche

гірська рятувальна служба
mountain rescue

сніг
snow

сніг, який щойно випав
powder

лід
ice

кататися на лижах (поза трасою)
to ski (off-piste)

кататися на сноуборді
to snowboard

кататися на санках
to go sledging

кататися на ковзанах
to go ice skating

займатись альпінізмом
to go mountain climbing

керлінг
curling

сухий лижний спуск
dry ski slope

ковзани
ice skates *pl*

катання на ковзанах
ice skating

санки
sledge

комбінезон
salopettes *pl*

лижні черевики
ski boots *pl*

лижні рукавички
ski gloves *pl*

лижні окуляри
ski goggles *pl*

лижний шолом
ski helmet

лижна куртка
ski jacket

лижні палиці
ski poles *pl*

лижі
skis *pl*

сноуборд
snowboard

черевики для
сноуборду
snowboarding boots *pl*

ХОТЬБА І СКЕЛЕЛАЗІННЯ

затискач-карабін
carabiner clip

компас
compass

шипи на підошвах
спортивного взуття
crampons *pl*

льодоруб
ice axe

мапа
map

мотузка
rope

рюкзак
rucksack

прогулянкові черевики
walking boots *pl*

палиці для ходьби
walking poles *pl*

Велика Британія має довгу історію успіху в боксі, і по всій країні спостерігається великий інтерес до бойових мистецтв. Боротьба як вид спортивної розваги також має відданих прихильників.

СЛОВНИК

боротьба **fight**	удар **punch**	бити кулаком **to punch**
боксер / боксерка **boxer**	нокаут **knockout**	бити ногою **to kick**
борець / борчиня **fighter**	бойові мистецтва **martial arts** *pl*	вдарити **to strike**
суперник /суперниця **opponent**	боксувати **to box**	спарингувати **to spar**
напівлегка вага **featherweight**	боротися **to wrestle**	нокаутувати **to knock out**
важка вага **heavyweight**		

БОКС

боксерські рукавички
boxing gloves *pl*

боксерський ринг
boxing ring

боксерське взуття
boxing shoes *pl*

головний щит
headguard

капа
mouthguard

боксерський мішок
punchbag

ІНШІ БОЙОВІ ВИДИ СПОРТУ

фехтування
fencing

дзюдо
judo

карате
karate

кікбоксинг
kickboxing

тхеквондо
taekwondo

боротьба
wrestling

СЛОВНИК

бігун / бігунка
runner

змагання з бігу
race

марафон
marathon

стартовий пістолет
starter's gun

фальстарт
false start

доріжка
lane

стартова лінія
start line

фінішна лінія
finish line

плей-оф
heat

фінал
final

спринт
sprint

естафета
relay

потрійний стрибок
triple jump

семиборство
heptathlon

десятиборство
decathlon

легка атлетика в залі
indoor athletics

займатися легкою
атлетикою
to do athletics

бігати
to run

бігти на швидкість
to race

стрибати
to jump

кидати
to throw

ВАРТО ЗНАТИ...

Сучасний параолімпійський рух сягає своїм корінням у роботу доктора Людвіга Гуттмана, який у 1948 році заснував спортивний турнір для пацієнтів із травмами хребта в лікарні Сток Мандевіль в Англії.

легкоатлет /
легкоатлетка
athlete

диск
discus

стрибок у висоту
high jump

перешкоди
hurdles

метальний спис
javelin

стрибки у довжину
long jump

стрибок з жердиною
pole vault

бігова доріжка
running track

штовхання ядра
shot put

шиповки
spikes *pl*

стартовий блок
starting block

секундомір
stopwatch

187

Вважається, що сучасна гра в гольф виникла в Шотландії у 15 столітті, а Старе поле в Сент-Ендрюсі вважається найстарішим у світі.

СЛОВНИК

гравець у гольф /
гравчиня у гольф
golfer

хлопчик, який
підносить ключки
caddie

поле для гольфу
golf course

гладке поле
fairway

будівля клубу
clubhouse

майданчик для гри в
гольф
green

піщана зона
bunker

лунка
hole

попадання в лунку з Ті
бокса
hole-in-one

"Пташка" (на один
удар менше, ніж Пар)
birdie

перешкода
handicap

свінг (основний удар
клюшками)
swing

понад / менше Пара
over/under par

грати в гольф
to play golf

робити перший удар
to tee off

сумка для гольфу
golf bag

м'ячик для гольфу
golf ball

гольф-машина
golf buggy

гольф клуб
golf club

клюшка
putter

мітка для м'яча
tee

американський
футбол
American football

стрільба з лука
archery

бейсбол
baseball

баскетбол
basketball

велосипедний
мотокрос
BMX

гра в кулі
bowls

скелелазіння
climbing

гімнастика
gymnastics

хокей на траві
hockey

скачки
horse racing

хокей
ice hockey

гонки на мотоциклах
motorcycle racing

автомобільні
перегони
motor racing

нетбол
netball

стрільба
shooting

конкур
showjumping

катання на скейтборді
skateboarding

снукер (гра на більярді)
snooker

настільний теніс
table tennis

їзда на треку
track cycling

триборство
triathlon

волейбол
volleyball

водне поло
water polo

важка атлетика
weightlifting

ЗДОРОВ'Я | HEALTH

Важливо бути готовим до будь-яких медичних випадків під час перебування за кордоном. Переконайтеся, що ви організували відповідне медичне страхування для свого візиту до Великої Британії - якщо ви відпочиваючий, переконайтеся, що у вас є відповідна туристична страховка.

аптечка
first-aid kit

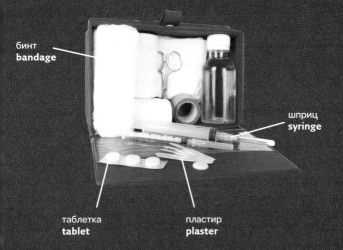

бинт
bandage

шприц
syringe

таблетка
tablet

пластир
plaster

Національна служба охорони здоров'я надає безкоштовну медичну допомогу в разі потреби всім тим, хто постійно проживає у Великій Британії. Є також багато приватних лікарень і медичних практик, які пропонують широкий спектр послуг.

МОЖНА СКАЗАТИ...

Мені недобре.
I don't feel well.

Я пошкодив...
I've hurt...

Мене зараз знудить.
I'm going to be sick.

Мені треба до лікаря.
I need to see a doctor.

Мені треба в лікарню.
I need to go to hospital.

Викличте швидку.
Call an ambulance.

МОЖНА ПОЧУТИ...

У чому проблема?
What's wrong?

Де у вас болить?
Where does it hurt?

Що сталося?
What happened?

Як довго вам зле?
How long have you been feeling ill?

ВАРТО ЗНАТИ...

999 є основним номером служби екстреної допомоги у Великій Британії - використовуйте його, щоб зв'язатися з медичною, поліцейською, пожежною або рятувальною службами. 111 - це номер державної служби охорони здоров'я, служби яка надає медичні консультації в неробочий час. Ви можете запросити послугу перекладу, зателефонувавши на будь-який з цих номерів.

СЛОВНИК

рятівник / рятівниця **first aider**	хвороба **illness**	діагноз **diagnosis**
біль **pain**	симптом **symptom**	психічне здоров'я **mental health**

лікування
treatment

здоровий
healthy

одужувати
to recover

дефібрилятор
defibrillator

хворіти
to be ill

лікувати
to treat

медичне страхування
health insurance

відчувати біль
to be in pain

лікар / лікарка
doctor

аптечка
first-aid kit

лікарня
hospital

ліки
medicine

медбрат / медсестра
nurse

парамедик
paramedic

пацієнт / пацієнтка
patient

фармацевт /
фармацевтка
pharmacist

аптека
pharmacy

СЛОВНИК

горло **throat**	язик **tongue**	дотик **sense of touch**
пахва **armpit**	шкіра **skin**	рівновага **balance**
геніталії **genitals** *pl*	волосся (на тілі) **(body) hair**	бачити **to see**
груди **breast**	зріст **height**	відчувати запах **to smell**
вія **eyelash**	вага **weight**	чути **to hear**
брова **eyebrow**	індекс маси тіла **BMI**	торкатися **to touch**
повіка **eyelid**	слух **sense of hearing**	відчувати смак **to taste**
мочка вуха **earlobe**	зір **sense of sight**	стояти **to stand**
ніздрі **nostrils** *pl*	нюх **sense of smell**	ходити (пішки) **to walk**
губи **lips** *pl*	смак **sense of taste**	рухати **to move**

ВАРТО ЗНАТИ...

В англійській мові присвійний прикметник (наприклад мій, його, їх) зазвичай використовується, коли йдеться про частини тіла. Наприклад, треба сказати "I washed my hands" (Я помив мої руки), а не "I washed hands" (Я помив руки).

ОБЛИЧЧЯ

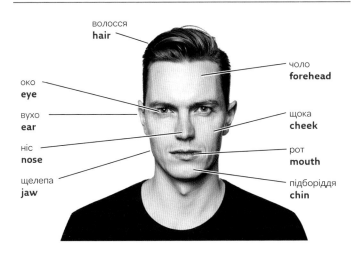

волосся
hair

чоло
forehead

око
eye

вухо
ear

щока
cheek

ніс
nose

рот
mouth

щелепа
jaw

підборіддя
chin

КИСТЬ

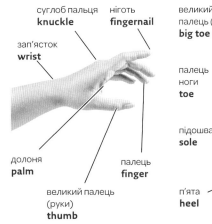

суглоб пальця
knuckle

ніготь
fingernail

зап'ясток
wrist

долоня
palm

великий палець
(руки)
thumb

палець
finger

СТОПА

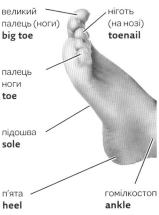

великий
палець (ноги)
big toe

ніготь
(на нозі)
toenail

палець
ноги
toe

підошва
sole

п'ята
heel

гомілкостоп
ankle

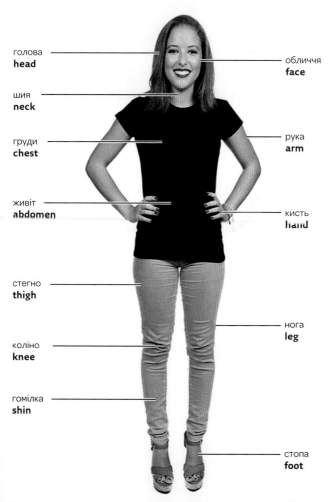

голова
head

обличчя
face

шия
neck

груди
chest

рука
arm

живіт
abdomen

кисть
hand

стегно
thigh

нога
leg

коліно
knee

гомілка
shin

стопа
foot

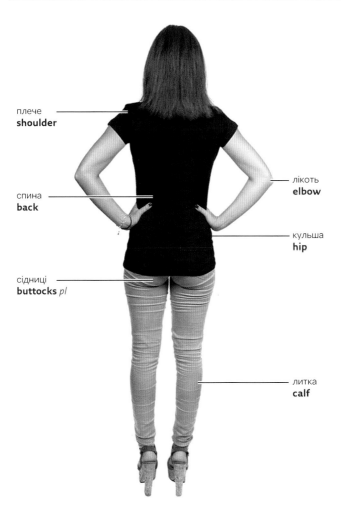

плече
shoulder

лікоть
elbow

спина
back

кульша
hip

сідниці
buttocks *pl*

литка
calf

Сподіваємося, ця лексика не надто часто ставатиме вам у пригоді. Проте у разі потреби мати під рукою необхідні терміни не завадить.

СЛОВНИК

орган **organ**	сечовий міхур **bladder**	нерв **nerve**
мозок **brain**	травна система **digestive system**	сухожилля **tendon**
серце **heart**	дихальна система **respiratory system**	тканина **tissue**
легеня **lung**	кров **blood**	зв'язка **ligament**
печінка **liver**	суглоб **joint**	клітина **cell**
шлунок **stomach**	скелет **skeleton**	артерія **artery**
нирка **kidney**	кістка **bone**	вена **vein**
нутрощі **intestines** *pl*	м'яз **muscle**	кисень **oxygen**

ВАРТО ЗНАТИ...

Частини тіла часто фігурують у поширених англійських виразах, наприклад:
 "to hold your tongue" значить "мовчати"
"to put your foot in it" значить "зробити щось, що випадково засмутить когось"
"to keep your eyes peeled" значить "остерігатися чогось або когось"

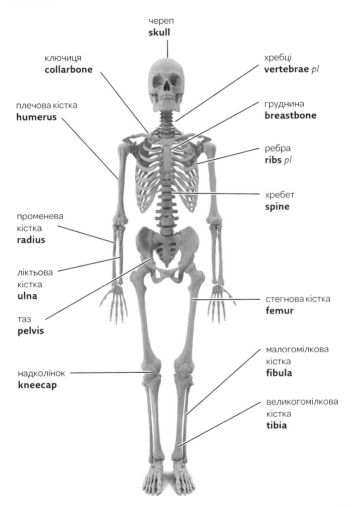

череп
skull

ключиця
collarbone

хребці
vertebrae *pl*

плечова кістка
humerus

груднина
breastbone

ребра
ribs *pl*

хребет
spine

променева
кістка
radius

ліктьова
кістка
ulna

стегнова кістка
femur

таз
pelvis

малогомілкова
кістка
fibula

надколінок
kneecap

великогомілкова
кістка
tibia

Якщо ви маєте намір залишитися у Великій Британії протягом тривалого періоду, ви можете зареєструватись у лікаря загальної практики або в медичному центрі. Для цього вам потрібно проживати у певній географічній зоні та надати підтвердження адреси та фотографію посвідчення особи для реєстрації.

МОЖНА СКАЗАТИ...

Я хочу зареєструватися у практика.
I'd like to register with the practice.

Я хотів би записатися на прийом.
I'd like to make an appointment.

Я записаний до лікаря...
I have an appointment with Dr...

У мене алергія на...
I'm allergic to...

Я приймаю ліки від...
I take medication for...

Я погано почуваюся.
I've been feeling unwell.

МОЖНА ПОЧУТИ...

Лікар / Медсестра вам зателефонує.
The doctor/nurse will call you through.

Які у вас симптоми?
What are your symptoms?

Можна вас оглянути?
May I examine you?

Говоріть, якщо буде боляче.
Tell me if that hurts.

У вас є алергії?
Do you have any allergies?

Ви приймаєте якісь ліки?
Do you take any medication?

Приймайте по дві таблетки на день.
Take two tablets once a day.

Вам треба звернутися до фахівця.
You need to see a specialist.

СЛОВНИК

прийом **appointment**	медичний огляд **examination**	антибіотики **antibiotics** *pl*
амбулаторія **clinic**	тест **test**	піґулка **the pill**

снодійне
sleeping pill

щеплення
vaccination

оглядати
to examine

рецепт
prescription

ліки
medication

приймати ліки
to be on medication

виклик лікаря додому
home visit

записатися на прийом
to make an appointment

тонометр
blood pressure monitor

оглядова кімната
examination room

оглядовий стіл
examination table

лікар / лікарка загальної практики
GP

практична медсестра / практичний медбрат
practice nurse

стетоскоп
stethoscope

шприц
syringe

термометр
thermometer

приймальня
waiting room

Лікування зубів - це одна зі сфер охорони здоров'я у Великій Британії, за яку ви повинні платити авансом за лікування, хоча ви можете бути звільнені від оплати за певних обставин.

МОЖНА СКАЗАТИ...

Чи можна мені записатися на терміновий прийом?
Can I book an emergency appointment?

У мене болять зуби.
I have toothache.

У мене абсцес.
I have an abscess.

У мене випала пломба.
My filling has come out.

У мене зламався зуб.
I've broken my tooth.

Мої зубні протези зламалися.
My dentures are broken.

МОЖНА ПОЧУТИ...

У нас немає термінового прийому.
We don't have any emergency appointments available.

Вам потрібна нова пломба.
You need a new filling.

На жаль, нам доведеться вам видалити зуб.
Unfortunately your tooth has to come out.

Вам треба буде записатися ще на один прийом.
You will need to make another appointment.

СЛОВНИК

асистент / асистентка стоматолога
hygienist

стоматологічний огляд
check-up

кутній зуб
molar

зуби мудрості
wisdom teeth *pl*

пломба
filling

коронка
crown

лікування кореневих каналів зуба
root canal treatment

видалення
extraction

зубний біль
toothache

абсцес
abscess

чистити зуби
to brush one's teeth

чистити зуби зубною ниткою
to floss

брекети
braces *pl*

зубна нитка
dental floss

асистент / асистентка
стоматолога
dental nurse

стоматолог /
стоматологиня
dentist

стоматологічне крісло
dentist's chair

бормашина
dentist's drill

зубні протези
dentures *pl*

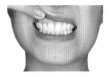
ясна
gums *pl*

зубний еліксир
mouthwash

зуби
teeth *pl*

зубна щітка
toothbrush

зубна паста
toothpaste

Як і у випадку з лікуванням зубів, вам може знадобитися заплатити за лікування очей. Хоча деякі послуги можуть бути безкоштовними в різних регіонах Сполученого Королівства, наприклад у Шотландії.

МОЖНА СКАЗАТИ...

Можна записатися на прийом?
Can I book an appointment?

У мене сухі очі.
My eyes are dry.

У мене болять очі.
My eyes are sore.

Ви ремонтуєте окуляри?
Do you repair glasses?

МОЖНА ПОЧУТИ...

Ви записані на...
Your appointment is at...

Подивіться вгору / вниз / вперед.
Look up/down/ahead.

У вас ідеальний зір.
You have perfect vision.

Вам потрібні окуляри для читання.
You need reading glasses.

СЛОВНИК

офтальмолог /
офтальмологиня
ophthalmologist

окуляри для читання
reading glasses *pl*

біфокальні окуляри
bifocals *pl*

варіфокальні окуляри
varifocals *pl*

жорсткі / м'які
контактні лінзи
**hard/soft contact
lenses** *pl*

лінза
lens

кон'юнктивіт
conjunctivitis

ячмінь
stye

розфокусований зір
blurred vision

катаракта
cataracts *pl*

короткозорий
short-sighted

далекозорий
long-sighted

з вадами зору
visually impaired

сліпий
blind

дальтонік
colour-blind

носити окуляри
to wear glasses

носити контактні
лінзи
to wear contacts

контейнер для
контактних лінз
contact lens case

контактні лінзи
contact lenses *pl*

таблиця для
перевірки зору
eye chart

очні краплі
eye drops *pl*

перевірка зору
eye test

оправа
frames *pl*

окуляри
glasses *pl*

футляр для окулярів
glasses case

оптик
optician

У Великій Британії лікарні в основному працюють з пацієнтами, направленими лікарем загальної практики та тими, кому необхідна невідкладна госпіталізація. У разі загального захворювання або медичних скарг ви повинні відвідати лікаря загальної практики.

МОЖНА СКАЗАТИ...

В якій він / вона палаті?
Which ward is he/she in?

Які години відвідування?
When are visiting hours?

МОЖНА ПОЧУТИ...

Він / Вона в палаті...
He/She is in ward...

Години відвідування з... до...
Visiting hours are from... to...

СЛОВНИК

лікарня **hospital**	хірург / хірургиня **surgeon**	інтенсивна терапія **intensive care**
приватна лікарня **private hospital**	операція **operation**	перенести операцію **to undergo surgery**
кінезітерапевт / кінезітерапевтка **physiotherapist**	сканер **scan**	бути прийнятим до / виписаним з (лікарні) **to be admitted/ discharged**

ВАРТО ЗНАТИ...

Невідкладна допомога, отримана в лікарні Великої Британії є безкоштовною у разі потреби. Однак, іноземним пацієнтам може знадобитись сплатити додаткову плату за деякі послуги лікарні.

відділення екстреної допомоги
A&E

автомобіль швидкої допомоги
ambulance

милиці
crutches *pl*

крапельниця
drip

лікарняне ліжко
hospital bed

лікарняний візок
hospital trolley

монітор
monitor

операційна
operating theatre

киснева маска
oxygen mask

гіпсова пов'язка
plaster cast

шви
stitches *pl*

палата
ward

колісне крісло
wheelchair

рентгенівський знімок
X-ray

ходунки
Zimmer frame®

МОЖНА СКАЗАТИ...

Можете викликати швидку?
Can you call an ambulance?

Зі мною стався нещасний випадок.
I've had an accident.

Я пошкодив...
I've hurt...

Я зломав / розтягнув...
I've broken/sprained...

Я порізався / обпікся.
I've cut/burnt myself.

Я вдарився головою.
I've hit my head.

МОЖНА ПОЧУТИ...

Ви відчуваєте слабкість?
Do you feel faint?

Вас нудить?
Do you feel sick?

Я викликаю швидку.
I'm calling an ambulance.

Де болить?
Where does it hurt?

Розкажіть, що сталося.
Tell me what happened.

ВАРТО ЗНАТИ...

Машини швидкої допомоги у Великій Британії призначені лише для реагування на надзвичайні ситуації. Для тих, хто потребує додаткової підтримки, можуть бути організовані послуги транспортування пацієнтів під час поїздки до лікаря і назад.

СЛОВНИК

нещасний випадок **accident**	розтяг **sprain**	перша допомога **first aid**
струс головного мозку **concussion**	рубець **scar**	стабільне бічне положення **recovery position**
падіння **fall**	хлистова травма **whiplash**	Багатопрофільна консультативна зустріч **CPR**
зміщення **dislocation**	набряк **swelling**	пульс **pulse**

бути непритомним / непритомною
to be unconscious

вимірювати пульс
to take his/her pulse

травмуватися
to injure oneself

падати
to fall

ламати руку
to break one's arm

підвернути ногу
to twist one's ankle

УШКОДЖЕННЯ

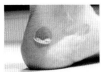

пухир
blister

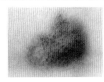

синець
bruise

опік
burn

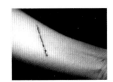

поріз
cut

перелом
fracture

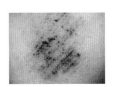

садно
graze

скалка
splinter

укус
sting

сонячний опік
sunburn

клейка стрічка
adhesive tape

антисептичний крем
antiseptic cream

бинт
bandage

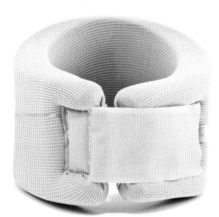

марлева серветка
dressing

мішечок з льодом
ice pack

шийний бандаж
neck brace

пластир
plaster

косинкова пов'язка
sling

пінцет
tweezers *pl*

МОЖНА СКАЗАТИ...

У мене застуда / грип.
I have a cold/the flu.

У мене болить шлунок.
I have a sore stomach.

Мене зараз знудить.
I'm going to be sick.

У мене астма / діабет.
I'm asthmatic/diabetic.

МОЖНА ПОЧУТИ...

Вам слід звернутися до лікаря.
You should go to the doctor.

Вам потрібен відпочинок.
You need to rest.

Вам щось потрібно?
Do you need anything?

СЛОВНИК

серцевий напад **heart attack**	харчове отруєння **food poisoning**	інгалятор **inhaler**
інсульт **stroke**	блювання **vomiting**	інсулін **insulin**
інфекція **infection**	нудота **nausea**	менструальний біль **period pain**
мігрень **migraine**	діарея **diarrhoea**	кашляти **to cough**
гарячка **fever**	запор **constipation**	чхати **to sneeze**
вірус **virus**	діабет **diabetes**	блювати **to vomit**
вітряна віспа **chicken pox**	епілепсія **epilepsy**	непритомніти **to faint**
висип **rash**	астма **asthma**	мати високий / низький кров'яний тиск **to have high/low blood pressure**
гастроентерит **stomach bug**	запаморочення **dizziness**	

ВАГІТНІСТЬ | PREGNANCY

Якщо ви плануєте народити дитину у Великій Британії, вас направлять до акушерки, яка буде вашим основним контактом під час вагітності. Якщо ви подорожуєте під час вагітності, переконайтеся, що у вас є відповідна туристична страховка.

МОЖНА СКАЗАТИ...

Я вагітна (на шостому місяці).
I'm (six months) pregnant.

Моя партнерка / дружина вагітна.
My partner/wife is pregnant.

У мене / У неї перейми кожні... хвилин.
I'm/She's having contractions every ... minutes.

У мене / У неї відійшли води.
My/Her waters have broken.

Я хочу епідуральну анестезію.
I want an epidural.

МОЖНА ПОЧУТИ...

На якому ви місяці?
How far along are you?

Які у вас проміжки між переймами?
How long is it between contractions?

Можна вас оглянути?
May I examine you?

Тужтесь!
Push!

СЛОВНИК

вагітна жінка
pregnant woman

новонароджений / новонароджена
newborn

плід
foetus

матка
uterus

шийка матки
cervix

пологи
labour

болезаспокійливий газ
gas and air

епідуральна анестезія
epidural

допологові заняття
antenatal classes pl

план пологів
birth plan

пологи
delivery

кесарів розтин
Caesarean section

викидень
miscarriage

очікувана дата пологів
due date

ранкова нудота
morning sickness

мертвонароджений	перебувати в пологах	мати викидень
stillborn	**to be in labour**	**to miscarry**

завагітніти	народити	годувати груддю
to fall pregnant	**to give birth**	**to breast-feed**

ВАРТО ЗНАТИ...

Доношена вагітність у Великій Британії вважається терміном 39 тижнів і 6 днів. Крім того, часто батьки не дізнаються стать дитини до народження, тому повідомте своїх медичних працівників, якщо ви бажаєте дізнатися.

кувез
incubator

пологова кімната
labour suite

акушерка
midwife

тест на вагітність
pregnancy test

лікар / лікарка з ультразвукової діагностики
sonographer

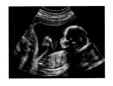

ультразвукова діагностика
ultrasound

Альтернативні методи лікування досить популярні у Великій Британії, але лише деякі з них є частиною стандартної медичної допомоги Національної служби здоров'я, тому ви можете очікувати, що вам доведеться платити наперед за будь-які курси лікування.

СЛОВНИК

терапевт / терапевтка
therapist

масажист
masseur

масажистка
masseuse

лікар-/ лікарка-
хіропрактик
chiropractor

голкотерапевт /
голкотерапевтка
acupuncturist

лікар- / лікарка-
рефлексотерапевт
reflexologist

лікувальний засіб
remedy

добавки
supplements *pl*

санаторій
health spa

сауна
sauna

парильня
steam room

рейкі
reiki

усвідомленість
mindfulness

масажувати
to massage

медитувати
to meditate

ВАРТО ЗНАТИ...

Поїздка на спа чи оздоровчий курорт вже давно є популярним варіантом для британців, які прагнуть покращити своє самопочуття: багато з них пропонують заходи та заняття, які використовують цілісний підхід до здоров'я та довголіття.

голкотерапія
acupuncture

хіропрактика
chiropractic

ефірна олія
essential oil

фітотерапія
herbal medicine

гомеопатія
homeopathy

гіпнотерапія
hypnotherapy

масаж
massage

медитація
meditation

остеопатія
osteopathy

сіацу
shiatsu massage

рефлексотерапія
reflexology

традиційна китайська
медицина
**traditional Chinese
medicine**

Якщо ви збираєтеся подорожувати зі своїм домашнім улюбленцем, він повинен мати мікрочіп, щеплення від сказу та паспорт домашнього улюбленця. За 1-5 днів до в'їзду до Великої Британії собаки повинні пройти лікування від паразитів у ветеринара.

МОЖНА СКАЗАТИ...

Мій собака був поранений.
My dog has been hurt.

Мій кіт захворів.
My cat has been sick.

МОЖНА ПОЧУТИ...

У чому проблема?
What seems to be the problem?

Ваша тварина чіпована?
Is your pet microchipped?

СЛОВНИК

ветеринар /
ветеринарка
vet

домашня тварина
pet

блоха
flea

кліщ
tick

ветеринарний паспорт
pet passport

карантин
quarantine

мікрочип
microchip

лікування від паразитів
tapeworm treatment

щеплення від сказу
rabies vaccination

вакцинувати
to vaccinate

обробляти від глистів
to worm

чипувати
to microchip

стерилізувати
to spay/neuter

присипляти
to put down

ветеринарний
нашийник
E-collar

нашийник від бліх
flea collar

контейнер для
перевезення тварин
pet carrier

ПЛАНЕТА ЗЕМЛЯ | PLANET EARTH

Завдяки вражаючим горам Шотландії та Уельсу, унікальній та історичній береговій лінії Північної Ірландії та пишним зеленим пагорбам Англії Сполучене Королівство є чудовим місцем для вивчення, якщо ви любите відпочити на природі. Є сотні пішохідних доріжок і стежок, які пропонують пішоходам можливість відкрити для себе сільську місцевість. По всій країні також можна знайти численні заповідники, національні парки та морські заповідники.

буревісник
puffin

дзьоб
beak

хвіст
tail

кіготь
claw

МОЖНА СКАЗАТИ...

Чи є поблизу парк / природний заповідник?
Is there a park/nature reserve nearby?

Який там краєвид?
What is the scenery like?

МОЖНА ПОЧУТИ...

Краєвид прекрасний / дикий.
The scenery is beautiful/ rugged.

Я б порадив відвідати...
I'd recommend visiting...

Це заповідна територія.
This is a protected area.

СЛОВНИК

тварина **animal**	вовна **wool**	крило **wing**
птах **bird**	лапа **paw**	дзьоб **beak**
риба **fish**	копито **hoof**	холоднокровний **cold-blooded**
порода **species**	морда **snout**	теплокровний **warm-blooded**
зоопарк **zoo**	грива **mane**	гавкати **to bark**
природний заповідник **nature reserve**	хвіст **tail**	муркотати **to purr**
національний парк **national park**	кіготь **claw**	гарчати **to growl**
пейзаж / краєвид **scenery**	ріг **horn**	цвірінькати **to chirp**
хутро **fur**	пір'я **feather**	дзижчати **to buzz**

Сполучене Королівство відоме як країна любителів тварин: тут є багато варіантів розміщення, де дозволено проживання з домашніми тваринами, а також зростає кількість пабів і кафе, в яких дозволено відвідування з собаками. Найкраще тримати собаку на повідку під час прогулянок у сільській місцевості, особливо біля худоби.

МОЖНА СКАЗАТИ...

У вас є домашні тварини?
Do you have any pets?

Можна взяти свою домашню тварину?
Is it OK to bring my pet?

Це мій собака-поводир / собака-помічник.
This is my guide dog/assistance dog.

МОЖНА ПОЧУТИ...

У мене немає домашньої тварини.
I don't have a pet.

У мене алергія на шерсть домашніх тварин.
I'm allergic to pet hair.

Тварини не допускаються.
Animals are not allowed.

СЛОВНИК

фермер / фермерка **farmer**	луг / пасовище **meadow**	цуценя **puppy**
ферма **farm**	стадо **flock/herd**	кошеня **kitten**
власник / власниця **owner**	собака-поводир **guide dog**	вигулювати собаку **to walk the dog**
котячий туалет **cat litter**	теля **calf**	іти до ветеринара **to go to the vet**
комора **barn**	ягня **lamb**	обробляти (землю) **to farm (crops)**
сіно **hay**	лоша **foal**	вирощувати (тварин) **to farm (animals)**
солома **straw**		

хвилястий папужка
budgerigar

кіт
cat

собака
dog

тхір
ferret

золота рибка
goldfish

морська свинка
guinea pig

хом'як
hamster

папуга
parrot

поні
pony

кролик
rabbit

пацюк
rat

тропічна риба
tropical fish

ФЕРМЕРСЬКІ ТВАРИНИ

бик
bull

курча
chicken

корова
cow

осел
donkey

качка
duck

коза
goat

гуска
goose

кінь
horse

свиня
pig

вівця
sheep

вівчарка
sheepdog

індик
turkey

акваріум
aquarium

клітка
cage

дверцята для кота
catflap

нашийник
collar

кошик для собак
dog basket

колесо хом'яка
hamster wheel

хатка для тварин
hutch

собача будка
kennel

повідець
lead

лоток для сміття
litter tray

корм для домашніх
тварин
pet food

конюшня
stable

алігатор
alligator

хамелеон
chameleon

крокодил
crocodile

жаба
frog

гекон
gecko

ігуана
iguana

ящірка
lizard

тритон
newt

змія
snake

ропуха
toad

черепаха
tortoise

морська черепаха
turtle

борсук
badger

кажан
bat

олень
deer

лисиця
fox

заєць
hare

їжак
hedgehog

кріт
mole

миша
mouse

видра
otter

білка
squirrel

олень-самець
stag

ласка
weasel

ІНШІ ЗВИЧАЙНІ ССАВЦІ

ведмідь
bear

верблюд
camel

шимпанзе
chimpanzee

слон
elephant

жирафа
giraffe

горила
gorilla

бегемот
hippopotamus

кенгуру
kangaroo

лев
lion

мавпа
monkey

носоріг
rhinoceros

тигр
tiger

чорний дрізд
blackbird

ворона
crow

голуб
dove

орел
eagle

сокіл
falcon

зяблик
finch

баклан
gannet

чайка
gull

яструб
hawk

чапля
heron

зимородок
kingfisher

жайворонок
lark

страус
ostrich

сова
owl

павич
peacock

пелікан
pelican

пінгвін
penguin

голуб
pigeon

буревісник
puffin

вільшанка
robin

горобець
sparrow

шпак
starling

лебідь
swan

дрізд
thrush

СЛОВНИК

рій **swarm**	павутиння **cobweb**	дзижчати **to buzz**
гніздо **nest**	укус комахи **insect bite**	жалити **to sting**

мураха
ant

бджола
bee

жук
beetle

метелик
butterfly

гусениця
caterpillar

тарган
cockroach

павук-довгоніжка
daddy longlegs

бабка
dragonfly

дощовий черв'як
earthworm

щипавка
earwig

муха
fly

коник
grasshopper

сонечко
ladybird

мошка
midge

комар
mosquito

міль
moth

слизняк
slug

равлик
snail

павук
spider

оса
wasp

мокриця
woodlouse

краб
crab

дельфін
dolphin

вугор
eel

медуза
jellyfish

дельфін-косатка
killer whale

омар
lobster

восьминіг
octopus

тюлень
seal

морський їжак
sea urchin

акула
shark

морська зірка
starfish

кит
whale

СЛОВНИК

стебло **stalk**	брунька **bud**	кора **bark**
листок **leaf**	деревина **wood**	корінь **root**
пелюстка **petal**	гілка **branch**	насіння **seed**
пилок **pollen**	стовбур **trunk**	цибулина **bulb**

ВАРТО ЗНАТИ...

Кожну з чотирьох націй Великої Британії символізує окрема рослина: троянда є національною квіткою Англії; будяк символізує Шотландію; нарцис є символом Уельсу; а трилисник (або конюшина) асоціюється з Північною Ірландією.

КВІТИ

дзвіночок
bluebell

жовтець
buttercup

гвоздика
carnation

нарцис
daffodil

ромашка
daisy

верес
heather

гіацинт
hyacinth

ірис
iris

лілія
lily

орхідея
orchid

братки
pansy

мак
poppy

троянда
rose

соняшник
sunflower

тюльпан
tulip

РОСЛИНИ ТА ДЕРЕВА

береза
birch

вишня
cherry

конюшина
clover

ялиця
fir

гриб
fungus

плющ
ivy

клен
maple

мох
moss

кропива
nettle

дуб
oak

сосна
pine

тополя
poplar

платан
sycamore

будяк
thistle

верба
willow

СЛОВНИК

пейзаж / краєвид **landscape**	повітря **air**	сільський **rural**
ґрунт **soil**	атмосфера **atmosphere**	міський **urban**
грязюка **mud**	комета **comet**	полярний **polar**
вода **water**	схід сонця **sunrise**	альпійський **alpine**
лиман **estuary**	захід сонця **sunset**	тропічний **tropical**

ЗЕМЛЯ

печера
cave

пустеля
desert

сільськогосподарські угіддя
farmland

ліс
forest

льодовик
glacier

пагорб
hill

озеро
lake/loch

болото
marsh

луг
meadow

болотиста місцевість
moorland

гора
mountain

ставок
pond

річка
river

скелі
rocks *pl*

струмок
stream

долина
valley

вулкан
volcano

водоспад
waterfall

235

МОРЕ

скеля
cliff

узбережжя
coast

острів
island

півострів
peninsula

кам'яний басейн
rock pool

піщані дюни
sand dunes *pl*

НЕБО

полярне сяйво
aurora

хмари
clouds *pl*

місяць
moon

веселка
rainbow

зірки
stars *pl*

сонце
sun

СВЯТА І СВЯТКУВАННЯ |
CELEBRATIONS AND FESTIVALS

Кожен любить мати привід зібратись разом і святкувати. У Великій Британії це зазвичай означає хорошу їжу, компанію сім'ї та друзів і, можливо, навіть келих шампанського. Існує також безліч місцевих звичаїв і традицій, пов'язаних із різними святами та фестивалями, які відбуваються протягом року.

торт до дня народження
birthday cake

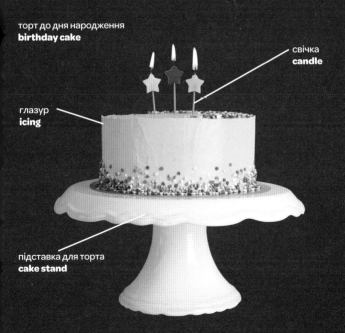

свічка
candle

глазур
icing

підставка для торта
cake stand

МОЖНА СКАЗАТИ / ПОЧУТИ...

Вітання!
Congratulations!

Мої найкращі побажання.
Best wishes.

Браво!
Well done!

Дякую.
Thank you.

За ваше здоров'я!
Cheers!

Дуже приємно з вашого боку.
You're very kind.

З днем народження!
Happy birthday!

Вас теж!
Cheers to you, too!

З річницею одруження!
Happy anniversary!

СЛОВНИК

нагода
occasion

святкування /
відзначення
celebration

добра / погана новина
good/bad news

день народження
birthday

декорації
decorations *pl*

святкувати
to celebrate

вечірка до дня
народження
birthday party

неопераційний /
святковий день
bank/public holiday

влаштувати свято
to have a party

вечірка-сюрприз
surprise party

релігійне свято
religious holiday

підсмажити щось
to toast something

ВАРТО ЗНАТИ...

У Великій Британії на одну людину купується більше вітальних листівок, ніж
будь-де у світі.

повітряні кульки
balloons *pl*

букет
bouquet

коробка шоколаду
box of chocolates

прапорці
bunting

торт
cake

шампанське
champagne

конфетті
confetti

феєрверк / салют
fireworks *pl*

подарунок
gift

вітальна листівка
greetings card

вечірка
party

серпантин
streamers *pl*

Залежно від того, де ви живете у Великій Британії, існує від 8 до 10 офіційних державних свят (також відомих як неопераційні дні) на рік.

МОЖНА СКАЗАТИ / ПОЧУТИ...

З Великоднем!
Happy Easter!

Перше квітня!
April Fool!

СЛОВНИК

День матері
Mother's Day

День батька
Father's Day

Перше травня
May Day

ВАРТО ЗНАТИ...

У День сміху (1 квітня) багато людей жартують один над одним. Однак, якщо ви когось обдурите після 12:00, то ви, а не він дурень.

БРИТАНСЬКІ СВЯТКУВАННЯ

Ніч Бернса
Burns Night

вечірка з музикою і танцями
ceilidh

Айстедвод
Eisteddfod

Ніч Гая Фокса
Guy Fawkes Night

ірландські танці
Irish dancing

Танець Морріса
Morris dancing

ІНШІ СВЯТА

Перше квітня
April Fool's Day

китайський Новий рік
Chinese New Year

Дівалі
Diwali

Великдень
Easter

Ід-уль-Фітр
Eid al-Fitr

Хелловін
Halloween

Ханука
Hanukkah

Холі
Holi

Песах
Passover

Рамадан
Ramadan

Карнавальний
вівторок
Shrove Tuesday

День Святого
Валентина
Valentine's Day

У Великій Британії Різдво святкують 25 грудня, обмінюючись подарунками і готуючи традиційну вечерю, яка включає смажену індичку та різдвяний пудинг. Дехто відвідує нічні богослужіння 24 грудня перед північчю. День подарунків (26 грудня) є також державним святом.

МОЖНА СКАЗАТИ / ПОЧУТИ...

З Різдвом!
Merry Christmas!

З Новим роком!
Happy New Year!

СЛОВНИК

Святвечір
Christmas Eve

Адвент (піст перед Різдвом)
Advent

Різдвяна листівка
Christmas card

Різдво
Christmas Day

колядка
carol

подарунок
present

День подарунків
Boxing Day

нічне богослужіння
watch night service

Новий рік
New Year's Day

ВАРТО ЗНАТИ...

Інститутом британського театру є пантоміма. Вони традиційно ставляться на Різдво, це сімейні п'єси на основі традиційних казок, які часто включають співи, танці та комедії.

Адвент календар
Advent calendar

іграшка
bauble

різдвяна хлопавка
Christmas cracker

різдвяна вечеря
Christmas dinner

різдвяні вогні
Christmas lights *pl*

різдвяний пудинг
Christmas pudding

різдвяна ялинка
Christmas tree

Пер Ноель / Санта Клаус
**Father Christmas/
Santa Claus**

пиріг з фаршем
mince pie

п'єса "Про Різдво"
Nativity play

Переддень Нового
року
**New Year's Eve/
Hogmanay**

пантоміма
pantomime

мішура
tinsel

декоративний папір
wrapping paper

віночок
wreath

Хоча надсилати повідомлення в електронному вигляді ще ніколи не було простіше, обмін вітальними листівками для відзначення різноманітних випадків і життєвих подій, радісних чи сумних, все ще є дуже поширеною практикою у Великій Британії.

СЛОВНИК

народження **birth**	одруження **marriage**	переїзд **relocation**
перший день школи **first day of school**	річниця весілля **wedding anniversary**	вихід на пенсію **retirement**
18-й / 21-й день народження **18th/21st birthday**	розлучення **divorce**	похорон **funeral**

ВАРТО ЗНАТИ...

Раніше у Великій Британії вік повноліття становив 21 рік, але в 1969 році він став 18. Зазвичай влаштовують спеціальні свята з нагоди 18-го та 21-го днів народження.

вечірка на честь майбутнього народження дитини
baby shower

хрестини
baptism/christening

бар / бат міцва
bar/bat mitzvah

заручини
engagement

отримання диплома
graduation

весілля / шлюб
wedding

УКРАЇНСЬКА

абрикоса 78
БОЙОВІ ВИДИ СПОРТУ 184
вовняна шапка 107
дивитися телевізор
143
дивитися фільми 143
ЖИТТЄВІ ПОДІЇ 244
ІНШІ ВИДИ СПОРТУ 189
ірландське рагу 120
ірландські танці 240
ланкаширський
хотпот
(тушковане м'ясо
з картоплею) 120
п'єса "Про Різдво"
243
палиці для ходьби
183
помідора 82
**ПРОБЛЕМИ З
АВТОМОБІЛЕМ** 27
різдвяна хлопавка
242
різдвяний пудинг 243
різдвяні вогні 243
табличка "Не
турбувати" 150
шпаківня 66
авокадо 78
АВТОБУС 30
автобус 31
автобусна зупинка 31
автобусна стоянка 31
автодім 153
автодорога 25
автозаправна
станція 26
автоматична каса 89
автомийка 25
АВТОМОБІЛЬ 20
автомобіль швидкої
допомоги 206
автомобільні
перегони 190
автосалон 111
агентство з
нерухомості 111
агрус 79
Адвент календар 242
адміністратор
рецепції 151
адміністраторка
рецепції 151
аеропорт 40
Айстедвод 240
акварельні фарби
165

акваріум 222
акордеон 158
аксесуари 102
акула 230
акустична гітара 158
акушерка 213
алігатор 223
алкогольні напої 76
альбом для ескізів
165
**АЛЬТЕРНАТИВНА
МЕДИЦИНА** 214
алюмінієва фольга 56
американський
футбол 189
АМФІБІЇ І РЕПТИЛІЇ 223
ананас 80
англійська шпилька
166
антена 50
антикварна
крамниця 111
антиперспірант 94
антисептичний крем
93, 210
анчоус 83
апельсин 80
апельсиновий сік
115
АПТЕКА 92
аптека 193
аптечка 191, 193
арбітр 169
арфа 159
асистент
стоматолога 203
асистентка
стоматолога 203
аудиторія 131
бабка 228
бавовняна вата 97
багажна полиця 37
багажний візок 41
багажник 22
багатоквартирний
будинок 45
багатоповерхівка 47
багаторазова сумка
для покупок 72
багет 89
бадмінтон 176
байдарка 180
байдаркове весло
180
баклажан 81
баклан 226
балет 147

балкон 45
бальзам для губ 95
бампер 22
банан 69, 79
БАНК 135
банківська комірка
136
банкноти 136
банкомат 136
банний рушник 62
бар 123, 147
бар міцва 244
барабан 159
бардачок 23
баржа 41
бас-гітара 159
басейн 179
баскетбол 189
бат міцва 244
бджола 228
бегемот 225
бездротовий роутер
128
безе 121
бейсбол 189
бейсболка 106
бекон 87
бензоколонка 25
береза 232
бик 221
бинт 93, 191, 210
биток 87
бібліотека 131, 140
біг підтюпцем 143
бігова доріжка 171,
187
біде 63
бікіні 104, 155
біла дошка 131
білизна 102
білий 7
білка 233
бісквіт королеви
Вікторії 121
біта 175
благодійний магазин
111
блокнот 100, 133
блузка 104
блюдце 113
боді 96
бойлер 49
боксерське взуття
184
боксерський мішок
185
боксерський ринг 184

боксерські
рукавички 184
болотиста
місцевість 235
болото 235
болти і гайки 108
бордюр 25
бормашина 203
боротьба 185
борошно 74
борсук 224
боулінг 163
бра 59
браслет 106
братки 232
брекети 203
бритва 94
брі 91
броколі 81
брюссельська
капуста 81
бубен 160
будильник 60
будівля суду 139
будяк 233
буй 43
букет 239
букмекерська
контора 111
булочка 88
булочки 89
бунгало 47
буревісник 217, 227
бутик 111
буфет 53, 57
бюстгальтер 104
в'язальний гачок 166
в'язальні спиці 166
ВАГІТНІСТЬ 212
вагон 37
вагон ресторан 37
важіль перемикання
передач 23
важка атлетика 190
валіза 41
ВАННА КІМНАТА 62
варене яйце 119
варені овочі 119
варильна панель 57
ватяна паличка 97
ведмідь 225
Великдень 241
великий палець
(ноги) 195
великий палець
(руки) 195

великогомілкова
кістка 199
ВЕЛОСИПЕД 32
велосипедна рама
33
велосипедний замок
33
велосипедний
мотокрос 189
велотренажер 171
венеціанські жалюзі
53
венслідейл 91
верба 233
верблюд 225
верес 231
вершки 90
вершковий сир 91
веселка 236
весілля 244
весла 180
веслування 180
веслування на каное
179
ВЕТЕРИНАРІЯ 216
ветеринарний
нашийник 216
ВЕЧІР ПОЗА ДОМОМ 146
вечірка 239
вечірка з музикою і
танцями 240
вечірка на честь
майбутнього
народження
дитини 244
взуття 102
взуття на високих
підборах 107
виготовлення
прикрас 164
видра 224
викладач 131
викладачка 131
викрутка 109
вино 76
виноград 79
вироби з паперу 164
висувний ящик 61
вишивка 164
вишка для стрибків
179
вишня 79, 232
вівсяна каша 116
вівця 221
вівчарка 217
відділення екстреної
допомоги 206

відеоігри 143
відро 67
відро та лопатка 155
відтяжка 141
візок 72
візок з
    прохолодними
    напоями та
    закусками 37
візок-колиска 98
вікно 45, 50
віконний ящик для
    квітів 65
вільшанка 227
віндсерфінг 180
віночок 243
віолончель 159
вітальна листівка
    100, 239
ВІТАЛЬНЯ 52
вітрильник 44
вітрове скло 22
вітрозахисний екран
    156
вішак 60
вішалка для
    рушників 63
вказівник повороту
    22
внутрішній дворик
    69
ВОДІННЯ 24
водне поло 190
водний мотоцикл 180
водний рівень 109
ВОДНІ ВИДИ СПОРТУ 178
воднолижний спорт
    180
водорості 156
водоспад 235
водостічна труба 50
водостічний жолоб
    50
вок 56
вокзал 38
волан 176
волейбол 190
волинка 158
вологі серветки 97
волосся 195
вtorіжка 175
ворона 226
ворота 50, 66, 167,
    173
воротар 173
воротарка 173
воротарські
    рукавиці 173
восьминіг 230
ВСЕРЕДИНІ ТІЛА 198
вугор 230
вудка 179
вузькоколійна
    залізниця 37

вулкан 235
вухо 195
ВХІД 51
газета 100
ГАЗЕТНИЙ КІОСК 99
газований напій 76
газон 66
газонокосарка 65
гайковий ключ 109
гальковий пляж 155
гамак 33
гаманець 107
гамбургер 126
гантелі 171
ганчірка 67
гараж 29, 50
гардероб 61
гарячий шоколад 115
гвинти 109
гвоздика 231
гекон 223
гелікоптер 41
гель для душу 94
гербіцид 65
гиря 171
гіацинт 232
гігієнічна прокладка
    94
гідрокостюм 180
гімнастика 189
гінці (гілки) 215
гіпсова пов'язка 207
гірчиця 75
глазур 237
глядачі 169
годинник 107
голкотерапія 214
голова 196
головний щит 185
голуб 226, 227
ГОЛЬФ 188
гольф клуб 188
гольф-машина 188
гомеопатія 215
гомілка 198
гомілкостоп 195
гонки на мотоциклах
    189
гончарство 164
гора 235
горила 225
горіхи 176
горобець 227
горох 82, 119
горщик 98
горщик для квітів 65,
    66
ГОСПОДАРСЬКІ ТОВАРИ
    108
гострий перець 81
ГОТЕЛЬ 149
готель 140
гра в кулі 189

гральна консоль 163
гральні кості 163
гребінець 85, 95
гребний тренажер
    171
грейпфрут 79
гриб 82, 233
грінки з сиром 120
громадський сад 145
груди 196
груднина 199
ґрунтовий лист 141
груша 80
губка 83
губка для посуду 68
губна гармоніка 158
губна помада 95
гумка 130
гумові рукавиці 68
гумові чоботи 65
гумористичний
    виступ 147
гусениця 228
гуска 221
ґудзики 166
дартс 163
датська булочка 89
дах 22, 45, 50
дверний дзвінок 51
дверцята 23
дверцята для кота
    222
двомісний номер
    (з двома окремими
    ліжками) 151
двомісний номер
    (з одним
    двоспальним
    ліжком) 150
двоповерховий
    автобус 31
дворучні ліжка 60
дебетова картка 72,
    136
деко для випікання
    54
декоративний
    квітковий горщик
    110
декоративний папір
    243
декоративні тканини
    162
дельфін 230
дельфін-косатка 230
День Святого
    Валентина 241
дерев'яна ложка 56
дерев'яна тераса 64,
    74
джем 74
джемпер 105
джинси 105
дзвінок 33

дзвіночок 231
дзеркало 61, 63
дзеркало заднього
    виду 22, 23
дзьоб 217
дзюдо 185
диван 53
димар 50
димовий сповіщувач
    50
диня 80
диригент 158
диригентка 158
диск 186
дитяча ванночка 98
дитяча пляшечка 97
дитяче автокрісло
    98
дитяче ліжечко 98
дитяче харчування
    97
дитячий крем 97
дитячий майданчик
    140
Дівалі 241
дівчинка, що
    підбирає м'яч 177
дім 48
дім стрічкової
    забудови 47
ДІКОРОБИВАЧ 133
ДНІ, МІСЯЦІ І ПОРИ РОКУ
    15
долина 235
долоня 195
ДОМАШНІ ТВАРИНИ І
    ПТАХИ 219
доміно 163
домкрат 29
домофон 51
доріжка 66
дорога 26
дорожній конус 26
дошка для серфінгу
    180
дощовий черв'як 228
дощовик 106
дренажна дошка 57
дрізд 227
дров'яна піч 50
дрон 161
друшляк 54
дуб 233
дуплекс 47
духовка 57
душ 63
душові 171
душові двері 63
дьюті-фрі 41
евакуатор 29
едамський сир 91
еклер 89
екскурсійний
    автобус 145

екскурсовод 145
електрична
    мотокоса 65
електричний дриль
    108
електрогітара 159
електронна
    сигарета 99
електротовари 102
еліптичний крос-
    тренажер 171
ефірна олія 214
жаба 223
жайворонок 226
жираф 224
жирафа 225
живіт 196
житловий трейлер
    153
жовта карточка 173
жовтець 231
жовтий 7
жук 228
журнал 100
заварний крем 121
заєць 224
залізничний переїзд
    25
ЗАЛІЗНИЧНИЙ ТРАНСПОРТ
    35
замок 145
замок з піску 156
зап'ясток 195
запалювання 23
запасне колесо 29
запіканка з м'ясом і
    картоплею 125
заручини 244
зарядний пристрій
    128
засіб від комах 93
затискач-карабін 183
захисні окуляри 179
збивачка 54
збірка головоломок
    100
ЗВ'ЯЗОК ТА ІНФОРМАЦІЙНІ
    ТЕХНОЛОГІЇ 127
здобний корж 89
зелений 7
зелений салат 82
ЗЕМЛЯ, МОРЕ І НЕБО 234
зимовий комбінезон
    96
ЗИМОВІ ВИДИ СПОРТУ 181
зимородок 226
зірки 236
злітна смуга 41
змія 223
зовнішній тент 141
золота рибка 220
зоомагазин 112
зошит 130
зуби 203
зубило 108

зубна нитка 203
зубна паста 94, 203
зубна щітка 94, 203
зубний еліксир 94,
 203
зубні протези 203
зубочистки 124
зяблик 226
іграшка 242
іграшки 102
ІГРИ 162
ігровий контролер
 163
ігуана 223
Ід-уль-Фітр 241
ізотермічний
 контейнер 153
індик 221
індикатор рівня
 палива 23
ІНШІ ЗАКЛАДИ 111
ірис 232
ЇДАЛЬНЯ 58
їжа та напої 102
їжак 224
їзда на треку 190
йогурт 90, 116
йоркширський
 пудинг 119
кабачок 81
кабіна пілота 41
кава 115
кавовий столик 53
кавун 80
кажан 224
казино 147
калькулятор 133
кальмар 85
кам'яний басейн 236
камбала
 європейська 84
камера для шолома
 34
камін 53
кампус 131
канал 43
каное 44
капа 185
капкейк 88
капот 22
капсула 93
капуста 81
капці 107
караоке 148
карате 185
карнавальний
 вівторок 241
карта 19
карти 163
картина 53
картка доставки 138
картопля 82, 119
картопля фрі 119, 126
картопляне пюре 119

картотечна шафа 133
каса 38, 72
каструля 56
катання на ковзанах
 182
катання на
 скейтборді 190
кафе 139
кафетерій 131
кахлі 190
качалка 55
качка 221
каяк 44
квиток 19
квіти 66
КВІТИ, РОСЛИНИ І ДЕРЕВА
 231
квіткова крамниця
 111
кебаб 126
келих 59, 124
КЕМПІНГ 152
кенгуру 225
керлінг 182
кермо 23, 33
кетчуп 74
килим 53, 61
килимок для ванни
 62
кисломолочний сир
 91
киснева маска 207
кисть 196
кит 230
китайський Новий
 рік 241
киш 118
ківі 79
кіготь 217
кілочок 141
кімнатна рослина
 110
кіно 147
кінь 221
кіт 220
клавір 159
кларнет 159
клатч 107
клейка стрічка 134,
 210
клен 233
клітка 222
клубок шерсті 166
ключ 51, 109
ключиця 199
ключ-карта 151
ключка 188
книгарня 111
книжкова шафа 52
ковбаса 87
ковдра 60
ковдра для пікніка
 153

ковзани 182
коза 221
козячий сир 91
колготки 106
колесо 22, 33
колесо хом'яка 222
колиска-переноска
 98
коліно 196
колісне крісло 207
колія 38
колонка Bluetooth®
 160
колонки 160
кольорові олівці 130
команда 169
комар 229
комбінезон 182
комікс 99
комод 61
комп'ютер 128
компактна камера
 161
компас 183
компост 110
конвеєр 99, 138
конверт з
 бульбашковою
 плівкою 138
кондиціонер для
 волосся 94
коник 229
конкур 190
консервний ніж 56
контактні лінзи 205
контейнер для
 контактних лінз
 205
контейнер для
 перевезення
 тварин 216
контейнер для
 сміття 68
контрабас 159
конференц-центр
 139
конфетті 239
концерт 147
коноплина 233
конюшня 222
копіювальний
 апарат 134
копчений лосось 118
коржик 89
коридор 150
корм для домашніх
 тварин 222
коробка 138
коробка шоколаду
 239
корова 221
косинкова пов'язка
 210
косметика 102

костюм (трійка) 106
котлета для бургера
 87
кофта 104
кошик 69, 72
кошик для білизни
 61
кошик для собак 222
краб 85, 230
краватка 106
кравецькі ножиці
 166
крамар 77
крамарка 77
кран 57, 63
крапельниця 207
краплі 93
креветка (морська)
 85
креветка
 (прісноводна) 85
креветковий
 коктейль 118
кредитна картка 72,
 136
крем під підгузок 97
КРИКЕТ 175
крикет 175
крило 22
крісло 53
кріт 224
крокодил 223
кролик 220
кропива 233
кросівки 107
круасан 89, 116
кругове перехрестя
 26
круїзний лайнер 44
ксилофон 160
кувез 213
кульша 197
купальник 105, 156,
 179
курка тіка-масала
 120
куртка 104
курча 221
куряча грудка 87
кускус 74
КУХНЯ 54
куховарення 143
кухонна машина 55
кухонне приладдя
 102
кухонний ніж 55
кухонний рушник 68
кущ 66
лава для важкої
 атлетики 171
лайм 79
лак для волосся 95
лак для нігтів 95
лампа 49

ланцюг 33
ласка 224
ласти 179
лебідь 227
лев 225
ЛЕГКА АТЛЕТИКА 186
легкоатлет 186
легкоатлетка 186
лижі 183
лижна куртка 182
лижний шолом 182
лижні окуляри 182
лижні палиці 182
лижні рукавички 182
лижні черевики 182
лимон 79
липкий ірисковий
 пудинг 121
лисиця 224
лист 138
литка 197
ліжко 61
лікар 201
лікар з
 ультразвукової
 діагностики 213
лікар загальної
 практики 201
лікарка 193
лікарка з
 ультразвукової
 діагностики 213
лікарка загальної
 практики 201
ЛІКАРНЯ 206
лікарня 140, 193
лікарняне ліжко 207
лікарняний візок 207
ліки 93, 193
лікоть 197
ліктьова кістка 199
лілія 232
лінійка 131
ліс 234
літак 40
літній капелюх 156
ліхтарик 153
лічильник 49
ложка 59
локомотив 37
локшина 75, 126
Лондонське таксі 17
лопата 55
лопатка 56
лосини 105
лосось 84
лотерейний квиток
 100
лоток для паперу 133
лоток для сміття 222
лохина 79
луг 235
льодовик 234

льодоруб 183
м'ясний відділ 86
м'ясний пиріг 89
м'яч для крикету 175
м'яч для регбі 174
м'яч для сквошу 177
м'ячик для гольфу
 188
мавпа 225
магазин
 алкогольних
 напоїв 112
магазин взуття 112
магазин здорової їжі
 112
магазин знижок 111
магазин іграшок 112
магазин меблів 112
магазин музичних
 інструментів 112
магазин побутової
 техніки 111
магазин телефонів
 112
майонез 74
майстрування 143
мак 232
макарони 75
макрель 84
малина 80
малогомілкова
 кістка 199
малярний валик 109
манго 79
мандрівки 143
манеж-ліжко 98
мапа 100, 183
мапа міста 145
маргарин 90
марка 100, 138
марлева серветка
 210
мармелад 74, 116
маршрутка 31
масаж 215
масло 90
матрац 61
мафіи 89
меблі 102
меблі для
 внутрішнього
 дворика 110
мед 74
медаль 169
медбрат 193
медитація 215
медсестра 193
медуза 230
меню 124
метальний спис 187
метелик 228
метро 37
механік 29
мечеть 140

міліції 206
мило 62
миска 59
миша 224
мікрохвильова піч 57
міль 229
мінеральна вода 76
міні-бар 151
міні-звірі 228
мірна чаша 55
міст 25
міська ратуша 140
мідія 85
мітка для м'яча 188
мішечок з льодом
 210
мішура 243
млинок для перцю 58
мобіль 98
мода 102
моделізм 164
мокриця 229
молоко 90, 115
молоток 108
молочна суміш 97
мольберт 165
монітор 207
море 155
морква 81
морозиво 121
морська зірка 230
морська свинка 220
морська черепаха
 223
морський ангел 84
морський їжак 230
морський окунь 85
морський язик 84
морські істоти 230
мотоцикл 34
мотоцикл 34
мотузка 183
мотузка для білизни
 68
мох 233
моцарела 91
мочалка 62
мошка 229
музей 145
музика 157
музикант 158
музикантка 158
мураха 228
муха 229
мушлі 156
мозаїка 148
мослі 116
на прийомі у лікаря 200
навігатор 23
навушники
 (вкладиші) 160
навушники
 (накладні) 160

надколінок 199
надувний матрац 153
накладки на ноги 175
намет 141, 153
намисто 107
наручні пов'язки
 179
нарцис 231
насіння 110
насос 33
настільна гра 163
настільна лампа 133
настільний теніс 190
нашийник від бліх
 216
нектарин 80
нетбол 190
нитка і голка 166
нігті 195
нігті (на нозі) 195
ніж для м'яса 124
ніж і виделка 59
ніс 196
Нік Бернса 240
Нік Гая Фокса 240
нічний клуб 148
нога 196
ножиці 134
ножний насос 153
номерний знак 22
носій 151
носоріг 225
ноти 158
ноутбук 133
об'єктив 161
обертовий стілець
 134
обігрівач 49
обід орача 120
обідній чай 110
обличчя 196
обмінний курс 136
оброблна дошка 54
овочеристка 55
огірок 81
оглядова кімната 201
оглядовий стіл 201
огорожа 66
одномісний номер
 151
одяг та взуття 103
ожина 79
оздоба 53
озеро 235
око 196
окремий будинок 47
окуляри 205
олень 224
олень-самець 224
оливки 118
оливкова олія 75
олівець 100, 130, 165
олійна фарба 165

омар 85, 230
омлет 116
опера 158
операційна 207
опік 209
оправа 205
оптик 205
оптика 204
оптика 112
орел 226
оркестр 158
орхідея 232
оса 229
освіта 129
освітлення 102
осел 224
оселедець 84
ослінчик для ніг 53
**основи 8, 18, 46, 70,
 114, 142, 168, 192,
 218, 238**
**основні прийоми їжі
 117**
остеопатія 215
острів 236
отримання диплома
 244
отримування багажу
 40
офіс 132
офісна будівля 140
офіціант 124
офіціантка 124
охолоджуюча рідина
 29
охоронна
 сигналізація 50
оцет 75
оцет та олія 124
очні краплі 205
п'єдестал пошани
 169
п'ята 195
павич 227
павук 229
павук-довгоніжка
 228
пагорб 234
пазл 163
пакет 138
пакора 118
пал 44
палата 207
палець 195
палець ноги 195
палітра 165
палтус 84
пальто 104
пам'ятник 145
панірований
 камамбер 118
панкейк 89
пантоміма 243
паперовий пакет 72

паперовий рушник
 57
паперові серветки
 93
папір 130, 165
папір з липким
 шаром 134
папка 133
папка на кільцях 134
папуга 220
парадний вхід 50
парамедик 193
парасолька 110, 156
парасоля 7
парк 140
парк розваг 148
паркомат 26
паркомісце 26
парувальний
 майданчик 25
паркування для
 інвалідів 25
пармезан 91
пасок безпеки 23
паспорт 41
пастелі 165
пастила 93
патрульна
 поліцейська 26
патрульний
 поліцейський 26
пацієнт 193
пацієнтка 193
пацюк 220
паштет 118
педаль 33
педальне відро 57
пекарня 89
пелікан 227
пенал 131
пензлик 109
пензлик 165
Пер Ноель 243
перевірка зору 205
Переддень Нового
 року 243
переднє світло 33
перекладач
 швидкості 33
перехрестя 25
перець 75
перешкоди 187
персик 80
перукарня 112
Перше квітня 241
Песах 241
печені боби 119
печера 234
печиво 76, 88
пиво 76
пила 109
пилосос 68
пиріг Бейквелла 121

пиріг з фаршем 243
півострів 236
під'їзна алея 50
підборіддя 195
підвісна корзина 110
підводка для очей 95
підголівник 23
підгузок 97
підошва 195
підручник 131
підсмажений бутерброд 126
підставка для торта 237
підставка під телевізор 53
піжама 105
пікша 83
пілот 41
піна для гоління 94
пінгвін 227
пінетки 96
пінцет 210
пірс 155
піца 126
піші прогулянки 143
пішохідний перехід 26
піщані дюни 234
плавання під вітрилами 180
плавки 156, 179
планшет 128
пластиковий пакет 72
пластир 93, 191, 210
платан 233
платіжний термінал 72
платформа 37
плече 197
плечова кістка 199
плитка 57
плоскогубці 109
плющ 233
пляж 154
пляжна кабінка 155
пляжний м'яч 155
пляжний рушник 155
пневматичний човен 44
повідець 222
повітряна подорож 39
повітряні кульки 239
погода 16
подарунок 239
подвійні жовті лінії 25
подовжувач 49
подорож кораблем 42
подорожній автобус 31
подушка 53, 61
подушка безпеки 29

пожежна частина 139
поле для регбі 174
поливальниця 65
поліція 53
поліцейська дільниця 140
пологова кімната 213
полотно 165
полуниця 80
полярне сяйво 236
поні 220
пончик 89
поперечина 33
попкорн 76
порей 82
поріз 209
порічка 80
пором 44
порт 43
посадковий талон 41
посудомийна машина 67
потяг 38
похідна плита 153
ПОШТА 137
поштар 138
поштарка 138
поштова листівка 100
поштова скринька 138
практична медсестра 201
практичний медбрат 201
пральна машина 68
пральня-автомат 140
прапорці 239
праска 68
прасувальна дошка 68
приймальня 201
приладова панель 23
приліжкова тумбочка 61
приліжковий світильник 61
принтер 134
приправи 123
присипка 97
прищіпки 67
про вас 9
провідник 37, 38
провідниця 38
програвач 160
прогулянковий візок 98
прогулянкові черевики 183
променад 156
променева кістка 199

пропускний пункт оплати 26
простирадла 61
ПТАХИ 226
пудра 95
пульт 52
пункт обміну валют 136
пускові кабелі 29
пустеля 234
путівник 145
пухир 209
пухова ковдра 61
пюре з сосисками 120
равлик 229
радар 26
радіатор 50
радіо 52
рак 85
ракетка для бадмінтону 176
ракетка для сквошу 177
РАКЕТНІ ВИДИ СПОРТУ 176
раковина 57, 63
Рамадан 241
рахунок 123
ребра 87, 199
ревінь 80
РЕГБІ 174
регбі 174
регбіст 174
регбістка 174
реєстрація 41
ремінь 106
рентгенівський знімок 207
ресторан 148
рефлексотерапія 215
рефлектор 33
рецепція 151
решітка 17
риба з картоплею фрі 120, 126
РИБНИЙ ВІДДІЛ 83
рибний ніж 124
риболовля 179
ринкова площа 77
РИНОК 77
рис 75, 119
рисовий пудинг 121
рідке мило для рук 94
РІЗДВО ТА НОВИЙ РІК 242
різдвяна вечеря 243
різдвяна ялинка 243
ріпа 82
річка 235
РОБОТА 12
робочий стіл 133
роздавальня 171
розклад 19

розклад відправлення 37, 41
розпродаж з автомобільного багажника 77
розсувна драбина 109
розсувні двері 38
розчинна кава 74
ромашка 231
ропуха 229
рослинна олія 69, 75
рот 195
рука 196
рукавиці 96
рукавички 106
рулет з ковбасою 89
рум'яна 95
ручка 100, 113, 130, 165
ручний міксер 55
рушник для рук 63
рюкзак 153, 183
рятівний круг 43
рятувальний жилет 44, 180
рятувальник 179
рятувальниця 179
САД 64
садівництво 143
садно 209
садовий сарай 64
садовий совок 65
САДОВИЙ ЦЕНТР 110
садовий центр 110
садовий шланг 64
садові вила 64
садові меблі 66
садові ножиці 65
садові рукавички 64
сайда 84
саксофон 159
салат 119
салат з капусти 119
салатник 55, 58
салон 41
салон краси 111
САМОПОЧУТТЯ 11
сандалі 107
санки 182
Санта Клаус 243
сантиметр 166
сапа 65
сардина 84
саундбар 160
свиня 221
свисток 173
СВІЖІ ТА МОЛОЧНІ ПРОДУКТИ 90
світловідбивачий жилет 29
світлофор 26

світшот 105
сейф 151
СВЯТКОВІ І ВИХІДНІ ДНІ 240
секундомір 187
селера 81
сендвіч 126
сендвіч-рап 126
сервант 52
серветка 58, 124
серветка для обличчя 62
сервірувальна тарілка 58
сережки 106
серпантин 239
серфінг 180
сигара 99
сигнальна будка 37
синагога 140
синець 209
синій 7
сирний ніж 123
сироп від кашлю 93
сито 56
сіату 215
сідниці 197
сіль 75
сіль і перець 124
сільниця 58
сільськогосподарські угіддя 234
СІМ'Я І ДРУЗІ 10
сірники 153
сітка 177
скакалка 171
скалка 209
скатерка 124
скачки 189
сквош 177
скелелазіння 189
скелі 235
скеля 235
скло 3
склоочисник 22
склянка 59
сковорідка 55
скотч для посилок 138
скретч-картка 100
скринька для шиття 166
скрипка 160
скріпка 134
слива 80
слизняк 229
слинявчик 96
слінг для немовлят 98
слон 225
слухати музику 143
смажений обід 120

смажений сніданок
116

смартфон 128

смуга 25

смузі 115

СНІДАНОК 115

сноуборд 183

снукер (гра на
більярді) 190

собака 220

собача будка 222

собор 139, 145

сова 227

совок 68

сокіл 226

солодощі 99

сонечко 220

сонце 236

сонцезахисний крем
93, 156

сонцезахисні
окуляри 156

сонячний опік 209

соняшник 232

сорочка 105

сосиски 87

соска 98

сосна 233

соус для
приготування 74

соусник 58

спальний мішок 153

спальний потяг 37

СПАЛЬНЯ 60

спаржа 81

спеції 75

спина 197

співак 158

співачка 158

спідниця 105

спідометр 23

спорт 143

спортивний зал 169

спортивні штани
105

спортсмен 169

спортсменка 169

ССАВЦІ 224

ставок 235

стадіон 169

стартовий блок 187

стегно 196

стегнова кістка 199

стейк 87

стейк і пиріг з
нирками 120

степлер 134

стетоскоп 201

стійки воріт (регбі)
174

стіл 124

стілець 123

стілтон 91

стільниця 57

стільчик для
годування 98

столярство 164

стоматолог 203

стоматологія 203

стоматологічне
крісло 203

стопа 196

стоянкове гальмо 23

страус 227

стрибки у довжину
187

стрибок з жердиною
187

стрибок у висоту 186

стрільба 190

стрільба з лука 190

стругачка 131

струм 235

стручкова квасоля 82

студент 131

студентка 131

стьобана ковдра 61

суглоб 87

суглоб пальця 195

суддя 169, 177

суддя на лінії 173,
177

сукня 104

сумка для гольфу
188

сумка для підгузків
98

сумочка 106

суп 118

суп з горохом і
шинкою 120

СУПЕРМАРКЕТ 73

супутникова антена
50

сутичка 174

сухар 97

сухий лижний спуск
182

сухий сніданок 116

сухі сніданки 74

сушарка для білизни
67

сушильна машина
68

суші 126

таблетка 93, 191

таблиця для
перевірки зору
205

табло 171

таз 199

тампон 94

Танець Morrisca 240

тарган 228

тарілка 59

тачка 65

театр 148

телевізор 53

телефон 134

телефон екстренної
допомоги 29

теніс 177

тенісист 177

тенісистка 177

тенісна ракетка 177

тенісний корт 177

тенісний м'яч 177

теплиця 64

термометр 201

термостат 50

тертий пиріг 121

тест на вагітність
213

тигр 225

ТІЛО 194

тіні для повік 95

тканина 166

ТОВАРИ ДЛЯ НЕМОВЛЯТ
96

товкачка 54

тональний крем 95

тонометр 201

тополя 233

торт 239

торт до дня
народження 237

тост 116

тостер 56

точковий світильник
57

трави 74

ТРАВМА 208

традиційна
китайська
медицина 215

трайфл 121

трамвай 38

трап 43

трельяж 66

тренажерний м'яч
171

триборство 190

трибуна 169

трикутник
попередження 29

тритон 223

тріска 83

тромбон 159

тропічна риба 220

тротуар 26

трофей 169

троянда 232

труба 159

труси 105

труси-боксери 104

туалет 61

туалетний папір 63

туалетний столик 60

туба 160

тумба 63

тунель 26

тунець 84

ТУРИЗМ 144

туристична агенція
112

туристичний офіс 145

турнікет 38

туш для вій 95

тхеквондо 185

тхір 220

тюлень 230

тюльпан 232

УЖИТКОВЕ МИСТЕЦТВО
164

узбережжя 236

укус 209

ультразвукова
діагностика 213

У МІСТІ 139

УНІВЕРМАГ 101

У РЕСТОРАНІ 122

У СТОМАТОЛОГА 202

устриця 85

фара 22

фарба 108

фармацевт 193

фармацевтка 193

фартух 56

фарш 87

ФАСТ-ФУД 125

феєрверк 239

фен 60

фермерський
будинок 47

фета 91

фехтування 185

філе 87

франки 82, 61

ФІТНЕС 170

фітотерапія 215

фішки 163

флейта 159

флешка 134

фонтан 140

форель 84

фортепіано 159

ФОТОГРАФІЯ 161

фотокамера 145

французький
сендвіч 126

френч-прес 54

ФРУКТИ ТА ОВОЧІ 78

фруктовий сік 76

фужер 59

фургон з морозивом
156

ФУТБОЛ 172

футболіст 173

футболістка 173

футболка 106

футбольне поле 167,
173

футбольний м'яч 173

футбольний матч
173

футбольні бутси 173

футляр для окулярів
205

хагіс 120

халат 104

хамелеон 223

ханука 241

харчова плівка 57

хатка для тварин 222

ХАТНЯ РОБОТА 67

хвилястий папужка
220

хвіст 217

ХВОРОБА 211

Хелловін 241

хіропрактика 214

хліб 69

хлібний кошик 123

хлібниця 58

хлопчик, що
підбирає м'яч
177

хмари 236

ходунки 207

хокей 189

хокей на траві 189

Холі 241

холодильник-
морозильник 57

хом'як 220

хор 158

хот-дог 126

хребет 199

хребці 199

хрестини 244

художня галерея 145

цвітна капуста 81

цвітна капуста під
сирним соусом
119

цвяхи 108

центральне коло 167

церква 139

цибулеві кільця 119

цибуля 82

цигарка 99

цифрова
однооб'єктивна
дзеркальна
фотокамера 161

цукерки 76

цукор 75

цукрова кукурудза
82

цукрова пудра 74

чавун 54

чай з молоком 113,
115

чайка 226

чайна ложка 59

чайні чашки 55

чайник для заварки
56

чайні пакетики 75

чапля 226
час 14
часник 81
часниковий хліб 118
чашка 113
чашка та блюдце 59
чеддер 91
чек 72
червона картка
173
червоний 7
червоний лестер 91
червоний солодкий
перець 82
черевики для
сноуборду 183
черевики на
шнурівці 107
череп 199
черепаха 223
черпак 55
чипси 76
читання 143

чізкейк 121
чоботи 34, 107
човен 44
чоло 195
чоловіча перукарня
111
чоловічок 96
чорна смородина 79
чорний 7
чорний дрізд 226
чорнило 165
чорно-білий
шампанське 239
шампунь 94
шапочка для
плавання 179
шарф 107
шафка із замком 171
шахи 163
шашка 17
шашки 163
швабра 68
швацька машина 166
шви 207

шезлонг 155
шийний бандаж 210
шимпанзе 225
шина 22, 33
шинка 87
шипи на підошвах
спортивного
взуття 183
шипівоки 187
шия 196
шкарпетки 105
шкільний рюкзак 131
шкіряна куртка 34
шкіряні рукавиці 34
шкребок для льоду
29
шльопанці 155
шльоб 244
шлюз 44
шоколад 76
шоколадна паста 121
шоколадний торт
121

шолом 33, 34
шолом для крикету
175
шопінг 105
шорти 105
шпак 227
шпалери 109
шпильки 166
шпинат 82
шприц 191, 201
штани 105
штатив 161
штовхання ядра 187
штопор 54
штрафний
майданчик 187
шухляда 57
щелепа 195
щипавка 229
щипець 50
щитіс 173
щиток блок
запобіжників 49

щітка 67
щітка для волосся
95
щітка для туалету 63
щока 195
ювелірний магазин
112
яблуко 78
яблучний пиріг 121
яйця 90
якір 43
ялиця 233
ясна 203
яструб 226
яхта 44
ящірка 223
DVD/Blu-Ray®-
програвач 52
SD-карта 161
SIM-карта 128

ENGLISH

A&E 206
abdomen 196
ABOUT YOU 9
accessible parking
space 25
accessories 102
accordion 158
acoustic guitar 158
acupuncture 214
adhesive tape 210
Advent calendar 242
aerial 50
aeroplane 40
afternoon tea 110
airbag 29
air bed 153
airport 40
AIR TRAVEL 39
alarm clock 60
alligator 223
ALTERNATIVE THERAPIES 214
aluminium foil 56
ambulance 206
American football
189
AMPHIBIANS AND REPTILES
223
anchor 43
anchovy 83
ankle 195
ant 228
antifreeze 29
antiperspirant 94
antique shop 111
antiseptic cream 93,
210
apple 78

apple pie 121
apricot 78
April Fool's Day 241
apron 56
aquarium 222
archery 189
arm 190
armbands 179
armchair 53
art gallery 145
ARTS AND CRAFTS 164
asparagus 81
assistant referee 173
athlete 186
ATHLETICS 186
ATM 136
aubergine 81
aurora 236
avocado 78
baby bath 98
baby food 97
BABY GOODS 96
Babygro® 96
baby lotion 97
baby's bottle 97
baby seat 98
baby shower 244
baby sling 98
back 197
bacon 87
badger 224
badminton 176
badminton racket 176
baggage reclaim 40
bagpipes 158
baguette 89
baked beans 119

BAKERY 88
Bakewell tart 121
baking tray 54
balcony 45
ball boy 177
ballet 147
ball girl 177
ball of wool 166
balloons 239
banana 69, 79
bandage 93, 191, 210
BANK 135
banknotes 136
baptism 244
bar 123, 147
barber's 111
bar mitzvah 244
baseball 189
baseball cap 106
BASICS 8, 18, 46, 70,
114, 142, 168, 192,
218, 238
basket 69, 72
basketball 189
bass guitar 159
bat 224
bath 63
bath mat 62
BATHROOM 62
bath towel 62
bat mitzvah 244
BEACH 154
beach ball 155
beach hut 155
beach towel 155
beak 217

bear 225
beauty salon 111
bed 61
bedding plant 110
BEDROOM 60
bedside lamp 61
bedside table 61
bee 228
beer 76
beetle 228
bell 3
belt 106
bib 96
BICYCLE 32
bidet 63
big toe 195
bike lock 33
bikini 104, 155
bill 123
birch 232
bird box 66
BIRDS 226
birthday cake 237
biscuits 76
black 7
blackberry 79
blackbird 226
black cab 17
blackcurrant 79
blanket 60
blister 209
block of flats 45
blood pressure
monitor 201
blouse 104
blue 7
bluebell 231

blueberry 79
Bluetooth® speaker
160
blusher 95
BMX 189
board game 163
boarding card 41
BODY 194
boiled egg 91
boiler 49
bonnet 22
bookcase 52
bookmaker's 111
bookshop 111
boot 22
bootees 96
boots 34, 107
bouquet 239
boutique 111
bowl 59
bowling 163
bowls 189
box 138
boxer shorts 104
boxing gloves 184
boxing ring 184
boxing shoes 184
box of chocolates 239
bra 104
bracelet 106
braces 203
brake 33
bread 69
bread basket 123
bread bin 56
breaded camembert
118

bread rolls 89
BREAKFAST 115
breakfast cereal 74, 116
breastbone 199
bridge 25
brie 91
broccoli 81
bruise 209
brush 67
Brussels sprout 81
bucket 67
bucket and spade 155
budgerigar 220
bull 221
bumper 21
bun 88
bungalow 47
bunk beds 60
bunting 239
buoy 43
bureau de change 136
burger 87, 126
burn 209
Burns Night 240
BUS 30
bus 31
bus shelter 31
bus stop 31
BUTCHER'S 86
butter 90
buttercup 231
butterfly 228
buttocks 197
buttons 166
cabbage 81
cabin 41
cabinet 63
café 139
cafeteria 131
cafetière 54
cage 222
cake 239
cake stand 237
calculator 133
calf 197
camel 225
camera 145
camera lens 161
CAMPING 152
camping stove 153
campus 131
canal 43
canal boat 44
candle 237
canoe 44
canoeing 179
canvas 165
capsule 93
CAR 20
carabiner clip 183
caravan 153
car-boot sale 77
cardigan 104
card reader 72

cards 163
carnation 231
car park 25
carriage 37
carrot 81
car showroom 111
CAR TROUBLE 27
car wash 25
casino 147
casserole dish 54
castle 145
cat 220
caterpillar 228
catflap 222
cathedral 139, 145
cauliflower 81
cauliflower cheese 119
cave 234
ceilidh 240
celery 81
cello 159
centre circle 167
chain 33
chair 123
chameleon 223
champagne 239
champagne flute 59
changing bag 97
changing room 171
charger 128
check-in desk 41
cheddar 91
cheek 195
cheesecake 121
cheese knife 123
cherry 79, 232
chess 163
chest 196
chest of drawers 61
chicken 221
chicken breast 87
chicken tikka masala 120
chilli 81
chimney 50
chimpanzee 225
chin 195
Chinese New Year 241
chips 119, 126
chiropractic 214
chisel 108
chocolate 76
chocolate cake 121
chocolate spread 116
choir 158
chop 87
chopping board 54
christening 244
CHRISTMAS AND NEW YEAR 242
Christmas cracker 242
Christmas dinner 243

Christmas lights 243
Christmas pudding 243
Christmas tree 243
church 139
cigar 99
cigarette 99
cinema 147
city map 145
clarinet 159
claw 217
cliff 236
climbing 189
clingfilm 57
cloth 67
clothes horse 67
clothes pegs 67
CLOTHING AND FOOTWEAR 103
clouds 236
clover 232
coach 31
coast 236
coat 104
coat hanger 60
cockpit 41
cockroach 228
cod 83
coffee 115
coffee table 53
coleslaw 119
collar 222
collarbone 199
colouring pencils 130
comb 95
comedy show 147
comic book 99
COMMUNICATION AND IT 127
compact camera 161
compass 183
compost 119
compost tin 77
computer 128
concert 147
conditioner 94
conductor 158
confectionery 99
conference centre 139
confetti 239
contact lens case 205
contact lenses 205
cooked vegetables 119
cookie 88
cooking 143
cooking sauce 74
cool box 153
corkscrew 54
corridor 111
cosmetics 102
cot 98

cottage cheese 91
cottage pie 120
cotton bud 97
cotton wool 97
cough mixture 93
counters 163
courgette 81
courthouse 139
couscous 74
cow 221
crab 85, 230
crampons 183
crayfish 85
cream 90
cream cheese 91
credit card 72, 136
CRICKET 175
cricket 175
cricket ball 175
cricket bat 175
cricket helmet 175
crisps 76
crochet hook 166
crocodile 223
croissant 89, 116
crossbar 33
cross trainer 171
crow 226
crumble 121
crumpet 89
crutches 206
cucumber 81
cup 113
cup and saucer 59
cupboard 57
cupcake 88
(cured) sausage 87
curling 182
curtains 52, 61
cushion 53
custard 121
cut 209
daddy longlegs 228
daffodil 231
daisy 231
Danish pastry 89
darts 163
dashboard 23
DAYS, MONTHS, AND SEASONS 15
debit card 72, 136
deckchair 155
decking 64
deer 224
delivery card 138
dental floss 203
dental nurse 203
dentist 203
dentist's chair 203
dentist's drill 203
DENTIST'S SURGERY 202
dentures 203
DEPARTMENT STORE 101
departure board 37, 41

desert 234
desk 133
desk lamp 133
detached house 47
dice 163
DINING ROOM 58
discount store 111
discus 186
dishwasher 55
display cabinet 52
diving board 179
Diwali 241
DIY 143
DIY STORE 108
doctor 193
DOCTOR'S SURGERY 200
dog 220
dog basket 222
dolphin 230
DOMESTIC ANIMALS AND BIRDS 219
dominoes 163
donkey 221
"do not disturb" sign 150
door 22
doorbell 25
double bass 159
double-decker bus 31
double room 150
double yellow lines 25
doughnut 89
dove 226
dragonfly 228
draining board 57
drainpipe 50
draughts 163
drawer 57, 61
dress 104
dressing 210
dressing gown 104
dressing table 60
drip 207
driveway 50
DRIVING 24
drone 161
drops 93
drum 159
dry ski slope 182
DSLR camera 161
duck 221
dumbbell 171
dummy 98
dustbin 68
dustpan 68
duty-free shop 41
duvet 61
DVD/Blu-ray® player 52
eagle 226
ear 195
earphones 160
earrings 106

earthworm 228
earwig 229
easel 165
Easter 241
EATING OUT 122
e-cigarette 99
éclair 89
E-collar 216
Edam 91
EDUCATION 129
eel 230
egg 90
Eid-al-Fitr 241
Eisteddfod 240
elbow 197
electrical goods 102
electrical retailer 111
electric drill 108
electric guitar 159
elephant 225
embroidery 164
emergency phone 29
engagement 244
ENTRANCE 51
envelope 99, 138
eraser 130
essential oil 214
estate agency 111
EVENINGS OUT 146
examination room 201
examination table 201
exchange rate 136
exercise bike 171
exercise book 130
extension cable 49
eye 195
eye chart 205
eye drops 205
eyeliner 95
eyeshadow 95
eye test 205
fabric 166
fabric scissors 166
face 196
face cloth 62
falcon 226
FAMILY AND FRIENDS 10
farmhouse 47
farmland 234
fashion 102
FAST FOOD 125
Father Christmas
  243
femur 199
fence 66
fencing 185
ferret 220
ferry 44
FERRY AND BOAT TRAVEL 42
feta 91
fibula 199
filing cabinet 133
filled baguette 126
fillet 87

finch 226
finger 195
fingernail 195
fir 233
fireplace 53
fire station 139
fireworks 239
first-aid kit 191, 193
fish and chips 120,
  126
fishing 179
fishing rod 179
fish knife 124
FISHMONGER'S 83
FITNESS 170
fizzy drink 76
flea collar 216
flip-flops 155
flippers 179
florist's 111
flour 74
flowerpot 66
flowers 66
FLOWERS, PLANTS, AND
  TREES 231
flute 159
fly 229
flysheet 141
folder 133
food and drink 102
food processor 55
foot 196
FOOTBALL 172
football 173
football boots 173
football match 173
football pitch 167,
  173
football player 173
foot pump 153
footstool 53
footwear 102
forehead 195
forest 234
formula milk 97
foundation 95
fountain 140
fox 224
fracture 209
frame 33
frames 205
FRESH AND DAIRY
  PRODUCTS 90
fridge-freezer 57
fried breakfast 116
frog 223
front door 50
front light 33
FRUIT AND VEGETABLES 78
fruit juice 76
frying pan 55
fuel gauge 23
fuel pump 20
funfair 148
fungus 233

furniture 102
furniture store 112
fuse box 49
gable 50
game controller 163
GAMES 162
games console 163
gaming 143
gangway 43
gannet 226
garage 29, 50
GARDEN 64
GARDEN CENTRE 110
garden centre 110
garden fork 64
garden hose 64
gardening 143
gardening gloves 64
gardens 145
garden shed 64
garlic 81
garlic bread 118
gate 50, 66
gears 33
gearstick 23
gecko 223
GENERAL HEALTH AND
  WELLBEING 11
gift 239
giraffe 225
glacier 234
glasses 205
glasses case 205
glove compartment
  23
gloves 106
goal 167, 173
goalkeeper 173
goalkeeper's gloves
  173
goat 221
goat's cheese 91
goggles 179
goldfish 220
GOLF 188
golf bag 188
golf ball 188
golf buggy 188
golf club 188
goose 221
gooseberry 79
gorilla 225
GP 201
graduation 244
grape 79
grapefruit 79
grasshopper 229
grater 55
gravy boat 58
graze 209
green 7
green beans 82
greenhouse 51
greetings card 100,
  239

grille 17
groundsheet 141
guard 37
guidebook 145
guinea pig 220
gull 226
gums 203
gutter 50
Guy Fawkes Night 240
guy rope 141
gym ball 171
gymnastics 189
haddock 83
haggis 120
hair 195
hairbrush 95
hairdresser's 112
hairdryer 60
hairspray 95
Halloween 241
ham 85
hammer 108
hamster 220
hamster wheel 222
hand 196
handbag 106
handbrake 23
handle 113
handlebars 33
hand mixer 55
hand towel 62
handwash 94
hanging basket 110
Hanukkah 241
harbour 43
hare 224
harp 159
hawk 226
head 196
headguard 185
headlight 22
headphones 160
headrest 23
health food shop 112
heater 49
heather 231
hedgehog 224
heel 195
helicopter 41
helmet 33, 34
helmet cam 34
herbal medicine 215
herbs 74
heron 226
herring 84
highchair 98
HIGH DAYS AND HOLIDAYS
  240
high heels 107
high jump 186
high-rise block 47
hill 234
hip 197
hippopotamus 225
hi-viz vest 29

hob 57
hockey 189
hoe 65
Hogmanay 243
hole punch 133
Holi 241
homeopathy 215
honey 74
hopsital trolley 207
horse 221
horse racing 189
HOSPITAL 206
hospital 140, 193
hospital bed 207
hot chocolate 115
hot dog 126
HOTEL 149
hotel 140
HOUSE 48
HOUSEWORK 67
humerus 199
hurdles 187
hutch 222
hyacinth 232
hypnotherapy 215
ice axe 183
ice cream 121
ice-cream van 156
ice hockey 189
ice pack 210
(ice) scraper 29
ice skates 182
ice skating 182
icing 237
icing sugar 74
ignition 23
iguana 223
ILLNESS 211
incubator 213
indicator 22
inflatable dinghy 44
INJURY 208
ink 165
in/out tray 133
insect repellent 93
INSIDE THE BODY 198
instant coffee 74
intercom 51
IN TOWN 139
iris 232
Irish dancing 240
Irish stew 120
iron 68
ironing board 68
island 236
ivy 233
jack 29
jacket 104
jam 74, 116
javelin 187
jaw 195
jeans 105
jellyfish 230
jetski® 180
jeweller's 112

jewellery-making 164
jigsaw puzzle 163
jogging 143
jogging bottoms 105
joint 87
judo 185
jug of water 124
jumper 105
jump leads 29
junction 25
kangaroo 225
karaoke 148
karate 185
kayak 44
kayaking 180
kebab 126
kennel 222
kerb 25
ketchup 74
kettle 55
kettlebell 171
key 51
keyboard 159
key card 151
kickboxing 185
killer whale 230
kingfisher 226
KITCHEN 54
kitchen knife 55
kitchen roll 57
kitchenware 102
kiwi fruit 79
knee 196
kneecap 199
knife and fork 59
knitting needles 166
knuckle 195
labour suite 213
lace-up shoes 107
ladle 55
ladybird 229
lake 235
Lancashire hotpot 120
LAND, SEA, AND SKY 234
lane 25
laptop 133
lark 226
laundrette 140
laundry basket 61
lawn 66
lawnmower 65
lead 222
leather gloves 34
leather jacket 34
lecture hall 131
lecturer 131
leek 82
leg 196
leggings 105
leg pads 175
leisure centre 169
lemon 79
lemon sole 84
letter 138
lettuce 82

level crossing 25
library 131, 140
lifebuoy 43
lifeguard 179
lifejacket 44, 180
LIFE EVENTS 244
light 17
light bulb 49
lighting 102
light railway 37
lily 232
lime 79
line judge 177
liner 44
lingerie 102
lion 225
lip balm 95
lipstick 95
listening to music 143
litter tray 222
lizard 223
lobster 85, 230
loch 235
lock 44
locker 171
locomotive 37
long jump 187
lottery ticket 100
LOUNGE 52
lozenge 93
luggage rack 37
luggage trolley 41
mackerel 84
magazine 100
MAMMALS 224
mango 79
map 19, 100, 183
maple 233
margarine 90
MARINE CREATURES 230
MARKET 77
marketplace 77
market trader 77
marmalade 74, 116
marsh 235
mascara 95
mashed potato 119
masher 55
massage 215
matches 153
mattress 61
mayonnaise 74
meadow 235
measuring jug 55
meat pie 89
mechanic 29
medal 195
medicine 93, 193
meditation 215
melon 80
menu 124
meringue 121
meter 49
metro 37

microwave 57
midge 229
midwife 213
milk 90, 115
mince 87
mince pie 243
mineral water 76
minibar 151
MINIBEASTS 228
minibus 31
mirror 61, 63
mittens 105
mixing bowl 55
mobile 98
model-making 164
mole 224
monitor 207
monkey 225
monkfish 84
monument 145
moon 236
mooring 44
moorland 235
mop 68
Morris dancing 240
Moses basket 98
mosque 140
mosquito 229
moss 233
moth 229
MOTORBIKE 34
motorbike 34
motorcycle racing 189
motorhome 153
motor racing 190
motorway 25
mountain 235
mouse 224
mouth 195
mouthguard 185
mouth organ 159
mouthwash 94, 203
mozzarella 91
muesli 116
muffin 89
museum 145
mushroom 82
MUSIC 157
musical 148
musician 158
music shop 112
mussel 85
mustard 75
nails 108
nail varnish 95
napkin 58, 124
nappy 97
nappy cream 97
Nativity play 243
neck 196
neck brace 210
necklace 107
nectarine 80
needle and thread 166

net 177
netball 190
nettle 233
NEWSAGENT 99
newspaper 100
newt 223
New Year's Eve 243
nightclub 148
noodles 75, 126
nose 195
notebook 100
notepad 133
number plate 25
nurse 193
nuts 76
nuts and bolts 108
oak 233
oars 180
octopus 230
OFFICE 132
office block 140
official 169
off-licence 112
oil paint 165
olive oil 75
olives 76
onion 82
onion rings 119
opera 148
operating theatre 207
OPTICIAN 204
optician 205
optician's 112
orange 80
orange juice 115
orchestra 158
orchid 232
ornament 53
osteopathy 215
ostrich 227
OTHER SHOPS 111
OTHER SPORTS 189
otter 224
oven 57
owl 227
oxygen mask 207
oyster 85
package 138
padded envelope 138
paddle 180
paint 108
paintbrush 109, 165
paint roller 109
pakora 118
palette 165
palm 195
pancake 89
pansy 232
pantomime 243
pants 105
paper 130, 165
paper bag 72
paper clip 130
papercrafts 164
paramedic 193

parasol 110, 156
parcel tape 138
park 140
parking meter 25
parking space 26
parmesan 91
parrot 220
party 239
Passover 241
passport 41
pasta 75
pastels 165
pâté 118
path 66
patient 193
patio 66
patio furniture 66, 110
pavement 26
pea and ham soup 120
peach 80
peacock 227
pear 80
peas 82, 119
pedal 33
pedal bin 57
peeler 55
pelican 227
pelvis 199
pen 100, 130, 165
penalty box 167
pencil 100, 130, 165
pencil case 131
penguin 227
peninsula 236
pepper 75
pepper mill 58
pet carrier 216
pet food 222
petrol station 26
pet shop 112
pharmacist 193
PHARMACY 92
pharmacy 193
phone shop 112
photocopier 134
PHOTOGRAPHY 161
piano 159
picnic blanket 153
picture 53
pier 155
pig 221
pigeon 227
pill 93
pillow 61
pilot 41
pine 233
pineapple 80
pins 166
pizza 126
plaice 84
planter 110
plant pot 65
plaster 93, 191, 210
plaster cast 207

plastic bag 72
plate 59
platform 37
playground 140
pliers 109
Ploughman's lunch 120
plum 80
podium 169
pole vault 187
police station 140
pollock 84
pond 235
pony 220
popcorn 76
poplar 233
poppy 232
porridge 116
porter 151
postal worker 138
postbox 138
postcard 100, 138
POST OFFICE 137
potato 82
potatoes 119
pottery 164
potty 98
powder 95
practice nurse 201
pram 98
prawn 85
prawn cocktail 118
PREGNANCY 212
pregnancy test 213
printer 134
promenade 156
pruners 65
puffin 217, 227
pump 33
punchbag 185
purse 107
pushchair 98
putter 188
puzzle book 100
pyjamas 105
quiche 118
quilt 61
rabbit 220
RACKET SPORTS 176
radiator 50
radio 52
radius 199
RAIL TRAVEL 35
rainbow 236
Ramadan 241
raspberry 80
rat 220
razor 94
reading 143
rearview mirror 23
receipt 72
reception 151
receptionist 151
red 7
red card 173

redcurrant 80
Red Leicester 91
red pepper 82
referee 169
reflector 33
reflexology 215
refreshments trolley 37
remote control 52
restaurant 148
restaurant car 37
reusable shopping bag 72
rhinoceros 225
rhubarb 80
ribs 87, 199
rice 75, 119
rice pudding 121
ring binder 134
river 235
road 26
roast dinner 120
robin 227
rock pool 236
rocks 235
rolling pin 55
roof 22, 45, 50
rope 183
rose 232
roundabout 26
rowing 190
rowing boat 44
rowing machine 171
rubber gloves 68
rucksack 153, 183
rug 53, 61
RUGBY 174
rugby 174
rugby ball 174
rugby field 174
rugby player 174
rugby posts 174
ruler 131
running track 187
runway 41
rusk 97
saddle 33
safe 151
safety deposit box 136
safety pin 166
sailing 180
sailing boat 44
salad 119
salad bowl 58
salmon 84
salopettes 182
salt 75
salt and pepper 124
salt cellar 58
sandals 107
sandcastle 156
sand dunes 236
sandwich 126
sanitary towel 94

Santa Claus 243
sardine 84
satellite dish 50
sat nav 23
saucepan 56
saucer 113
sausage roll 89
sausages 87
sausages and mash 120
saw 109
saxophone 159
scallop 85
scanner 134
scarf 107
schoolbag 131
scissors 134
scone 89
scoreboard 169
scourer 68
scratch card 100
screwdriver 109
screws 109
scrum 174
SD card 161
sea 155
sea bass 84
seal 230
seashells 156
seatbelt 23
sea urchin 230
seaweed 156
security alarm 50
seeds 110
semi-detached house 47
serving dish 58
sewing basket 166
sewing machine 166
shampoo 94
shark 230
sharpener 131
shaving foam 94
sheep 221
sheepdog 221
sheet music 158
sheets 61
shelves 53
shiatsu massage 215
shin 197
shingle beach 155
shin pads 173
shirt 105
shoe shop 112
shooting 190
shopping 143
shorts 105
shot put 187
shoulder 197
shower 63
shower gel 94
shower puff 62
showers 171
shower screen 63

showjumping 190
shrimp 85
Shrove Tuesday 241
shrub 66
shuttlecock 176
sideboard 53
sieve 56
SIGHTSEEING 144
sightseeing bus 145
signal box 37
SIM card 128
singer 158
single room 151
sink 57, 63
skateboarding 190
sketchpad 165
ski boots 182
ski gloves 182
ski goggles 182
ski helmet 182
ski jacket 182
ski poles 182
skipping rope 171
skirt 105
skis 183
skull 199
sledge 182
sleeper 37
sleeping bag 153
sleepsuit 96
sliding doors 38
sling 210
slippers 107
slug 229
smartphone 128
smoke alarm 50
smoked salmon 118
smoothie 115
snail 229
snake 223
snooker 190
snowboard 183
snowboarding boots 183
snowsuit 96
soap 62
socks 105
sofa 53
soft furnishings 102
sole 195
sonographer 213
soundbar 160
soup 118
spade 65
spanner 109
spare wheel 29
sparrow 227
spatula 56
speakers 160
spectators 169
speed camera 26
speedometer 23
spices 75
spider 229
spikes 187

spinach 82
spine 199
spirit level 109
spirits 76
splinter 209
sponge 63
spoon 59
sport 143
sportsperson 169
spotlight 57
squash 177
squash ball 177
squash racket 177
squid 85
squirrel 224
stable 220
stadium 169
stag 224
stamp 100, 138
stands 169
stapler 134
starfish 230
starling 227
stars 236
starting block 187
steak 87
steak and kidney pie 120
steak knife 124
steering wheel 23
stepladder 109
stethoscope 201
sticky notes 134
sticky tape 134
sticky toffee pudding 121
Stilton® 91
sting 209
stitches 207
stopwatch 187
strawberry 80
stream 235
streamers 239
Strimmer® 65
student 131
sugar 75
suitcase 41
sun 236
sunburn 209
sunflower 232
sunglasses 156
sunhat 156
suntan lotion 93, 156
SUPERMARKET 73
surfboard 180
surfing 180
sushi 126
swan 227
sweatshirt 105
sweetcorn 82
sweets 76
swimming cap 179
swimming pool 179
swimming trunks 156, 179

swimsuit 105, 156, 179
swivel chair 134
sycamore 233
synagogue 140
syringe 191, 201
table 124
tablecloth 124
tablet 93, 128, 191
table tennis 190
taekwondo 185
tail 217
talcum powder 97
tambourine 160
tampon 94
tap 57, 63
tape measure 166
teabags 75
team 169
teapot 56
teaspoon 59
tea towel 68
tea with milk 113, 115
tee 188
teeth 203
telephone 134
tennis 177
tennis ball 177
tennis court 177
tennis player 177
tennis racket 177
tent 141, 153
tent peg 141
terraced house 47
textbook 131
theatre 148
thermometer 201
thermostat 50
thigh 196
thistle 233
(three-piece) suit 106
thrush 227
thumb 195
tibia 199
ticket 19
ticket barrier 38
ticket machine 38
ticket office 38

tie 106
tiger 225
tights 106
tiles 57, 109
till point 72
TIME 14
timetable 19
tin opener 56
tinsel 243
tissues 93
toad 223
toast 116
toasted sandwich 126
toaster 56
toe 195
toenail 195
toilet 63
toilet brush 63
toiletries 151
toilet roll 63
toll point 72
tomato 82
toothbrush 94, 203
toothpaste 94, 203
toothpicks 124
torch 153
tortoise 223
tour guide 145
tourist office 145
towel rail 63
town hall 140
tow truck 29
toys 102
toyshop 112
track 38
track cycling 190
traditional Chinese medicine 215
traffic cone 26
traffic lights 26
traffic warden 26
train 38
train conductor 38
train station 38
tram 38

travel agent's 112
travel cot 98
travelling 143
treadmill 171
trellis 66
triathlon 190
trifle 121
tripod 161
trolley 72
trombone 160
trophy 169
tropical fish 220
trousers 106
trout 84
trowel 65
trumpet 160
T-shirt 106
tuba 160
tulip 232
tumble drier 68
tumbler 59
tuna 84
tunnel 26
turbot 84
turkey 221
turnip 82
turntable 160
turtle 223
TV 53
TV stand 53
tweezers 218
twin room 151
tyre 22, 33
ulna 199
ultrasound 213
umbrella 7
umpire 177
USB stick 134
vacuum cleaner 68
Valentine's Day 241
valley 235
vegetable oil 69, 75
Venetian blind 53
vertebrae 199
vest 96
VET 216
Victoria sponge 121

vinegar 75
vinegar and oil 124
violin 160
volcano 235
volleyball 190
waiter 124
waiting room 201
waitress 124
walking 143
walking can 65
walking boots 183
walking poles 183
wall light 53
wallet 107
wallpaper 109
ward 207
wardrobe 61
warning triangle 29
washing line 68
washing machine 68
wasp 229
watch 107
watching TV/films 143
watercolours 165
waterfall 235
watering can 65
watermelon 80
water polo 190
waterproof jacket 183
waterskiing 180
WATER SPORTS 178
weasel 224
WEATHER 16
wedding 244
weedkiller 65
weightlifting 190
weightlifting bench 171
Wellington boots 65
Welsh rarebit 120
Wensleydale 91
wetsuit 180
wet wipes 97
whale 230
wheel 22, 33
wheelbarrow 65

wheelchair 207
whisk 56
whistle 173
white 7
whiteboard 131
wicket 175
willow 233
windbreak 156
window 22, 45, 50
window box 65
windscreen 22
windscreen wiper 22
windsurfing 180
wine 76
wine glass 59, 124
wing 22
wing mirror 22
WINTER SPORTS 181
wireless router 128
wok 56
wood-burning stove 50
wooden spoon 56
woodlouse 229
woodwork 164
woolly hat 107
WORK 12
worktop 57
wrap 126
wrapping paper 243
wreath 243
wrench 109
wrestling 185
wrist 195
X-ray 207
xylophone 160
yacht 44
yellow 7
yellow card 173
yoghurt 90, 116
Yorkshire pudding 119
zebra crossing 26
Zimmer frame® 207

PHOTO CREDITS

Shutterstock: p19 timetable (Brendan Howard), p22 exterior [below] (JazzBoo), p31 minibus (Iakov Filimonov), p37 light railway (Bikeworldtravel), p38 ticket machine (Balakate), p38 ticket office (Michael715), p38 tram (smereka), p99 confectionery (Bitkiz), p102 cosmetics (mandritoiu), p102 food and drink (1000 Words), p102 footwear (Toshio Chan), p102 kitchenware (NikomMaelao Production), p102 toys (Zety Akhzar), p111 discount store (David Alexander Photos), p111 electrical retailer (BestPhotoPlus), p111 estate agency (Barry Barnes), p112 pet shop (BestPhotoPlus), p136 bureau de change (Lloyd Carr), p138 stamp (Andy Lidstone), p139 church (Ilya Images), p139 conference centre (lou armor), p145 sightseeing bus (Roman Sigaev), p147 casino (Benny Marty), p147 comedy show (stock_photo_world), p148 musical (Igor Bulgarin), p148 opera (criben), p156 ice-cream van (Jason Batterham), p156 promenade (Oscar Johns), p158 choir (Marco Saroldi), p158 orchestra (Ferenc Szelepcsenyi), p173 football pitch (Christian Bertrand), p177 line judge (Leonard Zhukovsky), p177 umpire (Stuart Slavicky), p182 dry ski slope (Christophe Jossic), p190 motor racing (Cristiano barni), p190 table tennis (Stefan Holm), p190 water polo (katacarix), p206 A&E (kay roxby), p213 labour suite (ChameleonsEye), p240 Eisteddfod (Andreas Zerndl), p240 Irish dancing (Zvonimir Atletic), p240 Morris dancing (JaneHYork). All other images from Shutterstock.